리더스타그램

리더스타그램
LEADERSTAGRAM

김희봉 지음

리더십을 발휘할 수 있는 출발점이 되어 줄 수 있다
리더십은 가까운 곳에 있다는 것을 직관적으로 알 수 있다

좋은땅

프롤로그

리더십을 발휘하는 것은 일종의 사명(mission)이기도 합니다. 작게는 스스로를 움직이는 힘이며 보다 넓게 보면 사람들을 움직이는 힘이기 때문입니다. 이렇다 보니 리더십을 다루는 수많은 책과 강연, 교육, 논문들을 주변에서 쉽게 찾아볼 수 있기도 합니다.

하지만 다소 아쉬운 점이 있다면 머리로만 이해하고 공감하는 데 그치는 경우가 많다는 것입니다. 그리고 알고는 있지만 정작 리더십을 발휘해야 하는 순간에 깜빡 잊기도 합니다.

그렇다면 어떻게 하면 좋을까요? 스스로 의미를 부여한 한 장의 사진이 도움을 줄 수 있습니다. 사진은 뇌리 속에 오래 남게 되고 구구절절한 설명을 필요로 하지도 않습니다.

《리더스타그램: 리더십 포토보이스》는 필자의 시점으로 일상에서 촬영한 사진을 통해 리더십을 발휘하는 데 도움이 되는 생각과 방법을 제시하고 있습니다. 아울러 리더십과 관련해서 한 번쯤 생각해 볼 만한 사진과 이에 대한 의미를 기술하고 있습니다.

이 책의 제목으로 표기한 포토보이스(photovoice)는 질적 연구 방법 중 하나입니다. 이는 사진(photography)을 통해 어떤 현상에 대해 개인이 느끼는 인식과 통찰력을 제시하는 것입니다. 이와 같은 참여적 사진(participatory photography) 방법론은 연구 참여자가 생성한 이미지를 활용하여 이들의 목소리를 들을 수 있다는 장점으로 인해 사회과학 분야에서 혁신적인 연구 방법으로 활용되어 왔습니다.

이러한 측면에서 포토보이스는 특정 주제에 대한 구체적인 내용을 보다 정확하게 재현해 낼 수 있으며 관심사를 전달하고 이에 부합된 계획을 수립할 수 있도록 만드는 기회를 제공해 주기도 합니다. 아울러 포토보이스를 위해 촬영된 사진은 단순한 자료라기보다는 필자와 독자 사이의 소통과 피드백의 도구이기도 합니다.

그래서 이 책에서는 필자가 일상에서 촬영한 사진을 매개로 리더와 리더십을 이야기하고자 합니다. 이에 더해 독자로 하여금 자신의 일상에서 리더십에 대한 관심을 가지고 스스로 리더로 성장할 수 있는 단초를 제공해 드리고자 합니다.

《리더스타그램: 리더십 포토보이스》에 담긴 사진은 단 52장입니다. 산술적으로 계산하면 1년 동안 한 주에 한 장 정도의 사진을 통해 리더십을 생각해 보고자 했습니다. 물론 이 정도의 사진들을 통해 리더와 리더십을 모두 다루기는 어렵습니다. 그러나 독자의 사진이 더해지고 그 속에서 자신만의 의미를 다시 부여해 본다면 자신만의 또 다른 리더십 포토보이스가 만들어질 것입니다.

이 책을 읽으면서 독자 여러분들의 휴대폰과 앨범 속에 담겨 있는 사진들도 다시 한번 살펴보기를 권합니다. 그 속에서 리더십에 대해 훨씬 더 풍부한 의미와 내용을 발견하실 수 있을 것입니다. 정작 중요하고 놓치지 말아야 하는 것들은 대부분 가까이에 있기 때문입니다.

모쪼록 《리더스타그램: 리더십 포토보이스》가 여러분의 리더십을 이끌어 내는 마중물이자 행동으로 옮기는 계기가 되기를 바랍니다.

추천의 글

　이 책은 리더십 연구를 업(業)으로 삼고 있는 저자가 일상 속에서 발견한 리더십 단상(斷想)들이 고스란히 담겨 있는 책이다. '포토보이스'라는 연구 방법론을 차용한 점이 참신하고 독특하다. 한 장의 사진으로 표현된 일상 속의 평범한 소재들을 생각의 실마리로 삼아, 묵직한 내공이 담긴 리더십 인사이트를 간결하지만 울림 있게 풀어내 들려준다. 아마 이 책을 읽고 나면 독자들도 주변의 일상 풍경들을 새롭게 다시 보는 경험을 하게 될 것이다. 현재의 리더는 물론 미래의 리더를 꿈꾸는 이들에게도 일독을 권한다.

_김견(HMG경영연구원 원장)

　《리더스타그램: 리더십 포토보이스》는 우리 주변의 일상을 촬영한 52장의 사진을 매개로 저자가 리더와 리더십, 팔로워십 등에 대해 독자와 소통하고 있는 책이다. 이 책에 실린 사진들은 대개는 "아, 맞다, 나도 이 비슷한 장면을 본 적 있는데~!"라고 고개를 끄덕이며 공감하게 되는 장면들을 담고 있다. 그래서 책을 읽다 보면, 나는 무심코 지나쳤던 그 장면들을 다양한 각도의 카메라 렌즈로 포착하고 의미를 부여하는 저자의 남다른 통찰력과 전문적인 식견에 감탄하게 된다. 나의 일상에서, 가정에서, 일터에서 더 나은 변화를 원하고 리더십을 실천하려는 이들에게 꼭 권하고 싶은 책이다.

_이재경(숙명여자대학교 교수, 교육혁신원장)

리더십의 출발은 관찰이라는 생각이 든다. 리더 자신과 타인, 조직에 대한 깊이 있는 리더의 관찰을 통해서, 리더는 전과 같지 않는 다른 것을 보게 되고, 알게 되면서 새로운 변화를 이끌어 낼 수 있다. 《리더스타그램: 리더십 포토보이스》는 일상에서 지나치기 쉬운 소소한 순간들을 관찰하고 반추함으로써 리더십의 변화를 부드럽게 제안하는 책이다. 책을 읽다 보면 한 장의 사진을 통해서 사색하고, 성장하는 즐거움을 느낄 수 있다. 리더십과 교육공학을 전공한 필자의 탁월한 통찰력이 돋보이는 책으로 하루하루 변화를 꿈꾸는 조직의 리더와 미래의 리더들에게 추천하고 싶다.

_전선호(나우러닝 실장, 교육공학박사)

리더십을 기르려면 어떻게 해야 할까? 리더십이 과연 제고할 수 있는 영역인가? HR담당자로서 늘 고민했던 질문이다. 이 책을 읽고 리더십은 우리 주변 소소한 것들에서 출발해 주변과 상호작용하며 커지는 것이라는 생각이 들었다. 저자가 택한 포토보이스 방법을 활용, 사진한 장을 통해 스스로 성찰하는 습관을 기르다 보면 어렵지 않게 리더십비밀의 단초를 찾을 수 있을 것이라고 생각한다. 리더십이 어렵게 느껴지거나 조직에서 리더가 될 준비를 하고 있는 분들에게 이 책을 통해나를 들여다보고 주변을 돌아보는 연습을 해 보라고 추천하고 싶다.

_김윤선(스마일게이트홀딩스그룹 인사지원팀 차장)

《리더스타그램: 리더십 포토보이스》는 리더십에 대한 입체적인 이해와 통찰이 필요함을 알려 주는 책이다. 이 책은 저자의 예민한 감성과진정성이 고스란히 녹아들어 읽는 이로 하여금 쉽게 저자의 생각과 세상에 공감하게 만드는 편안함으로 가득 차 있다. 특히 글과 사진이 함께 어우러져 우리의 상상력을 자극하며 글의 내용을 더욱 풍성하게 만들어 준다. 이 책을 통해 저자는 자신의 삶 속으로 우리를 이끌어 자신의 생각과 통찰을 나누고 일상을 살아가는 우리 모두에게 내면의 이야기를 듣게 만들어 주는 친구 같은 책이다. 오늘을 살아가는 우리들에게영민함과 호기심의 눈을 뜨게 해 주는 이 책을 모든 이에게 권한다.

_정재영(LG인화원 상무)

이 책은 독자들에게 리더십이 이론이나 책 또는 관념 속에만 존재하는 게 아니라고 말하고 있다. 또한 리더십이 어떤 높은 지위에 오른 사람들에게만 필요한 자질이나 역량이 아니라는 사실도 일깨워 준다. 책을 읽어 갈수록 리더십이 우리의 평범한 삶 속에서, 그리고 일상적인 만남 속에서 발견되고 작동된다는 생각을 하게 된다. 이 책은 눈과 머리로 읽는 책이라기보다 마음과 귀로 읽는 책이다. 책을 다 읽고 난 후 텍스트는 잊어버려도 상관없다. 그 대신 사진을 떠올리고 사진이 들려주는 이야기에 귀를 기울여 보자. 그런 뒤 나의 하루와 내 곁의 사람들을 조금만 더 친절한 시선으로 바라보자. 그럴 때 저자가 말하려는 삶속에 감춰진 신비로운 비밀을 느낄 수 있지 않을까 싶다. 소중한 내 삶의 진정한 리더가 되고 싶은 모든 사람에게 추천하고 싶은 책이다.

_노성훈(경찰대학 행정학과 교수, 리더십센터장)

이 책은 비대칭과 부조화가 가득한 책이다. '포토'와 '보이스'의 의미충돌이 그렇고 사진이라는 '찰나'의 순간과 오랜 시간 깊게 숙성된 저자의 리더십에 대한 '진심의 분화'가 그러하다. 역동적이고 복잡한 리더십을 사진과 글로 포획하여 우리에게 쉽고 가볍게 안착시킨다. 이 책은 리더의 일상에 대한 온기 가득한 실천서에 가깝다. 그래서 따라해보고 싶다. '오늘 리더들'이 '잠시 멈춤'을 활용해 스스로 성찰토록 하고 의미 있는 성장을 가이드하는 메뉴얼 같은 책이다.

_김정태(mySUNI 행복 Colllege & SK 아카데미 리더)

목차

1부

Personal

2부

Interpersonal

3부

Organizational

1부

Personal

1.
당신은 업데이트(update) 중입니까?

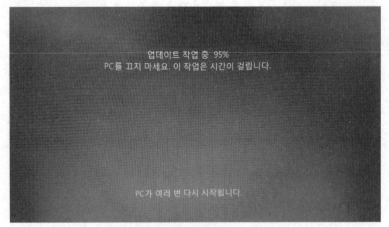

업데이트 작업 중 95%
PC를 끄지 마세요. 이 작업은 시간이 걸립니다.

PC가 여러 번 다시 시작됩니다.

업데이트 / 2017. 6. 5. / 업데이트를 기다리며 화면 캡처

'업데이트 항목이 있습니다.', '업데이트 대기 중입니다.'

　요즘은 이와 같은 메시지를 곳곳에서 접하게 된다. 가장 가까이에서 볼 수 있는 것은 손에 들고 다니는 스마트폰의 애플리케이션(application)이다. 적어도 일주일에 두어 번 이상은 보는 것 같다. 이보

다는 조금 더 간격을 두고 보게 되는 것도 있다. 자동차에 장착된 내비게이션(navigation)이다. 보통은 몇 달 간격으로 보게 된다. 또한 일정한 간격은 아니지만 컴퓨터 역시 이와 같은 업데이트 메시지를 사용자에게 보낸다.

일반적으로 업데이트(update)란 현실에 맞지 않거나 오래된 것을 지금의 상황이나 특정한 환경에 맞도록 변경하거나 교체하는 것을 의미한다. 오류가 발견되었을 때 수정하거나 불필요한 것을 제거하는 것도 포함된다.

그래서 특별한 경우가 아니라면 대부분의 사람은 업데이트를 하는 것에 주저함이 없다. 업데이트 메시지를 확인하는 순간 해당되는 버튼을 누르고 하나하나 업데이트의 단계를 밟아 나간다. 더군다나 업데이트를 하는 데 있어 일정량의 시간도 소요되고 경우에 따라서는 추가적인 일도 해야 하지만 해당 기기나 소프트웨어가 조금 더 좋아질 것을 기대하면서 그 시간과 수고를 당연하게 받아들인다.

이러한 업데이트의 대상은 기기나 소프트웨어 등과 같은 사물에만 국한되지 않는다. 오히려 정작 업데이트가 필요한 대상은 자기 자신일 수도 있다.

그런데 가끔씩 안타까운 상황을 접하게 되는 경우가 있다. 그것은 스스로가 업데이트 대상임에도 불구하고 이를 인식하지 못하거나 자기 자신에 대한 업데이트를 차일피일 미루는 경우다.

업데이트를 인식하지 못하는 것에서 벗어나기 위한 방법 중 하나는 자신에게 업데이트가 필요하다는 메시지를 수시로 알려 줄 수 있는 사람을 곁에 두는 것이다. 이들은 이른바 자신에게 직언을 해 줄 수 있는 사람이다. 주로 당신 주변에 있지만 찾지 않는다면 잘 보이지 않는다. 물론 보인다고 할지언정 서로에게 메시지를 주고받는 일이 쉬운 것은 아니다. 그렇지만 당신에게 이런 사람이 있다면 당신만의 편협한 생각이나 협소한 관점에서 벗어나는 데 큰 도움이 된다.

다음으로 스스로 업데이트를 미루는 이유 중 하나는 적절한 업데이트 방법을 찾지 못했기 때문이기도 하다. 손쉽게 적용해 볼 수 있는 방법에는 독서가 있다. 읽는 것만으로는 부족하다. 자신을 업데이트할 수 있는 내용에 표시를 하고 평상시 자주 볼 수 있는 곳에 새겨 놓아야 한다.

사람을 만나는 것도 권장한다. 그러나 단순한 친목 활동에 그쳐서는 업데이트되기 힘들다. 반드시 새로운 분야의 사람일 필요는 없지만 적어도 공통의 관심사나 추구하는 것이 있다면 좋겠다. 아울러 당연한 말이지만 그들의 이야기에 경청하는 것은 당신의 업데이트를 위해 반드시 필요하다.

　당신은 누구로부터 업데이트가 필요하다는 메시지를 받는가? 그리고 어떻게 스스로를 업데이트해 나가는가? '업데이트가 완료되었습니다.' 이제 이 메시지는 기기를 넘어 당신에게 보내져야 한다.

2.
당신의 치타델레(Zitadelle)는 어디입니까?

나만의 공간 / 2019. 6. 19. / 도서관에서 필요한 자료를 찾으며 촬영

지금 앉아 있는 곳에서 자주 아이디어가 샘솟거나 심적인 안정감을 느끼는가? 아니라면 자신에게 이런 느낌을 주는 별도의 공간이 있는가? 만일 이런 공간이 없다면 나만의 치타델레(Zitadelle)를 찾을 때가 되었다.

치타델레는 독일어로 '요새 안의 작은 보루'를 의미한다. 일종의 개인 공간인 것이다. 프랑스의 철학자인 몽테뉴(Michel Eyquem de Montaigne)도 자신만의 치타델레가 있었다. 그의 성(城) 안에 있는 작은 탑을 자신만의 서재로 만든 것이다. 그곳에서 그는 수상록(Les Essais)을 집필한 것으로 알려져 있다.

창고 역시 치타델레의 좋은 예다. 우리에게 잘 알려진 빌 게이츠(Bill Gates)나 스티브 잡스(Steve Jobs)의 젊은 시절 창업 준비 이야기를 떠올려 보면 고개가 끄덕여질 것이다.

그런데 이와 같은 치타델레는 몽테뉴와 같은 철학자나 빌 게이츠, 스티브 잡스 등과 같은 기업가에게만 필요한 것은 아니다.

치타델레는 남녀노소를 막론하고 모든 사람에게 필요하다. 이는 치타델레가 생각의 공간이자 성찰의 공간이기 때문이다. 그리고 휴식의 공간이기도 하고 치유의 공간도 되기 때문이다.

자신만의 치타델레가 있는 사람은 그곳에서 새로운 생각을 해 보기도 하고 무언가를 시도해 보기도 한다. 조금 더 나아가면 그 공간에서 디자인 사고(design thinking)가 이루어질 수도 있다.

치타델레가 되기 위해 특별한 조건이 요구되는 것은 아니다. 이를테면 치타델레가 반드시 물리적인 공간이어야 할 필요는 없다는 것이다. 경우에 따라서는 책이나 음악, 영화 등도 자신만의 치타델레가 될 수 있다. 생각의 흐름이 막히거나 시작조차 할 수 없을 때 이와 같은 매체는 숨통을 트이게 해 줄 수 있다.

또한 치타델레는 폐쇄되거나 분리된 공간이 아니어도 괜찮다. 숲이나 공원 등과 같은 개방된 공간도 나쁘지 않다. 다만 개인이 중심이 된 공간이다 보니 많은 사람들이 모여 왁자지껄하는 공간은 피하는 것이 좋겠다.

그리고 치타델레는 어딘가에 새롭게 만들어야만 하는 공간은 아니다. 이미 존재하고 있는 공간을 활용해도 좋다. 필자의 경우, 도서관이 바로 필자의 치타델레다. 도서관은 생각하고 성찰하고 휴식을 취하기에 적합한 공간이다. 더군다나 예전에 비하면 꽤나 많은 곳에 있어 이용하기에도 좋다.

사람에게는 시간도 중요하지만 공간도 중요하다. 자신이 있는 공간의 특성이나 느낌 등에 따라 자신의 생각이나 행동 그리고 사람 간의 관계도 달라지기 때문이다.

이제 당신의 치타델레는 어디에 있는지 생각해 보자. 당신의 치타델레는 어디인가? 아쉽게도 아직 없거나 머릿속에 이내 떠오르지 않는다면 미루지 말고 서둘러 마련해 보자. 그 공간이 일상에 지친 당신, 새로움을 추구하는 당신에게 큰 힘이 되어 줄 수도 있다.

3.
당신은 어떤 향(香)을 만드십니까?

향기 / 2019. 8. 16. / 퇴근길 자동차에 비치된 방향제를 촬영

출근이나 외출을 하기 위한 모든 준비를 마치고 나면 마지막으로 하
는 것이 있다. 바로 향수를 조금 뿌리는 것이다. 집안에도 방향제를 비
치해 놓는다. 옷장 옆에는 스프레이형 섬유유연제가 놓여 있다. 생각
해 보니 자동차 안에도 방향제가 있다.

아마도 자동차 문을 열거나 옷을 입을 때 그리고 외출을 마치고 귀가 하면서 현관문을 열었을 때 좋은 향을 맡고 싶기 때문일 것이다. 좋은 향을 맡으면 기분도 훨씬 좋아진다. 몸에 향수를 뿌리는 것도 크게 다르지 않다. 실제로 누군가를 만났을 때 그 사람에게서 좋은 향이 나면 호감도가 상승하기도 한다. 그래서인지 많은 사람들은 자신이 선호하는 향을 알고 있다.

그런데 이와 같은 향은 대부분 인위적으로 만들어진 향이다. 게다가 스스로의 내면에서 발산되는 향이 아니라 외부에서 나에게로 분사된 향이어서 휘발성이 강하다. 다시 말해 일시적으로는 좋은 향이 날지 몰라도 그 향이 오래도록 지속되지는 않는다는 것이다.

스스로 좋은 향을 계속 맡고 싶거나 발산하고 싶다면 향의 발원지가 외부가 아닌 내부, 즉 자기 자신이어야 한다. 대표적인 향의 발원지로는 그 사람이 가지고 있는 가치관을 꼽을 수 있다. 이러한 가치관은 사람에 대한 가치관, 일에 대한 가치관, 삶에 대한 가치관 등 여러 가지가 있을 수 있다.

자신이 가지고 있는 가치관에 따라 말이나 행동 심지어 타인에게 보이는 모습도 영향을 받는다. 그리고 가치관이 있으면 자신만의 스타일 이라는 것도 만들어진다. 더군다나 자신이 가지고 있는 스타일이라는 단어 앞에는 여러 가지 수식어가 붙기도 한다. 이른바 리더십 스타일, 커뮤니케이션 스타일, 의사 결정 스타일 등이다.

물론 같은 스타일을 가지고 있는 사람들이 많지도 않다. 많을 수도 없다. 저마다 선호하는 향이 다르고 이를 만들기 위해 소요된 숙성 기간과 사용된 방법도 다르기 때문이다.

이렇게 만들어진 스타일은 그때그때 바로바로 바뀌거나 사라지는 경우가 흔치 않다. 그야말로 오랜 시간 동안 숙성되어 자신의 몸에 배어 있기 때문이다.

그래서 자신만의 스타일을 만들어 나갈 때, 다시 말해 자신만의 향을 만들 때에는 처음이 중요하다. 자신에게서 어떤 향이 났으면 좋은지 그리고 그 향을 다른 사람들도 좋아할지에 대한 생각을 해 봐야 한다.

이를 위해 먼저 자신에게서 불편한 향이 나지 않도록 신경을 써야 한다. 좋아하는 향은 사람마다 차이가 있을지언정 불편한 향은 누구나 비슷하게 느끼기 때문이다. 불편한 향이 어떻게 나타나는지에 대해서는 이미 많은 경로를 통해 알고 있다. 주변에서 직접 보기도 하고 간접적으로는 더 많이 듣기도 했다. 개인이나 조직에서의 리더십 실패 사례는 타산지석으로 삼기에 충분하다.

다음으로는 지금 자신의 향은 언제, 누구로부터 만들어졌는지를 생각해 봐야 한다. 만일 스스로가 아닌 타인에 의해 만들어졌다면 그리고 그 향이 마음에 들지 않는다면 자신만의 향을 만들어야 하는 시점이기도 하다. 자신만의 향을 만드는 과정은 스스로를 성장시키고 주변을 돌아보는 계기가 될 수 있다.

4.
당신은 어느 쪽에서 바라봅니까?

다양한 관점 / 2019. 8. 29. / 출장길 항공기에서 지상을 촬영

　연필, 종이컵, 자동차에 대한 이미지를 떠올려 보자. 약간의 시간이 있다면 종이 위에 그려 보는 것도 좋다. 아마 어렵지 않게 각각의 모습이 떠오를 것이고 그림으로 표현하는 것도 쉽다.

　다음으로 자신이 떠올리거나 그린 사물은 어느 쪽에서 바라본 것인지를 확인해 보자. 아마도 대부분 측면을 바라본 모습이라는 것을 알 수 있다. 그만큼 우리에게는 무언가를 생각하거나 바라볼 때 익숙한 쪽이 있다.

그런데 같은 사물도 어느 쪽에서 바라보느냐에 따라 보이는 모습이 다르다. 그것도 확연히 다른 경우가 많다. 일례로 연필을 측면에서 바라보면 끝이 뾰족하고 길쭉한 형태가 먼저 떠오르겠지만 정면에서 바라보면 육각형으로 보인다. 종이컵의 모습을 측면에서 바라보면 사다리꼴로 보이지만 위나 아래에서 바라보면 원형으로 보인다. 자동차도 마찬가지다. 측면이 아닌 위 또는 정면에서 바라본 자동차는 직사각형에 가깝다.

이 밖에도 주변의 사물들을 다양한 방향이나 각도에서 바라보면 전혀 예상치 못한 모습으로 보이는 경우가 많다. 때로는 그 모습이 신기하기까지 하다.

이렇게 달리 보이는 것은 사물뿐만이 아니다. 사람도 비슷하다. 누구나 사람을 보는 데 있어 자신만의 익숙한 방향이 있다. 사람을 자기가 익숙한 방향으로 본다는 것은 편견과 선입견을 갖고 본다는 것으로도 해석해 볼 수 있다.

일반적으로 편견과 선입견이라는 단어가 지닌 뉘앙스는 부정적인 측면이 많다. 그래서 여기에서 벗어나고자 한다면 지금까지와는 달리 익숙하지 않은 방향에서 보고자 하는 노력이 필수적이다.

　　익숙하지 않은 방향을 찾는 것은 그리 어렵지 않다. 예를 들어 우리가 사진을 찍는다고 하면 같은 사람, 같은 사물 그리고 같은 장소일지라도 카메라의 방향과 구도를 다양하게 해서 찍는 것을 생각해 보면 된다.

　　사진을 찍을 때 피사체가 움직이는 경우는 많지 않다. 오히려 카메라를 들고 사진을 찍는 사람이 분주하게 움직이면서 피사체의 다양한 모습을 담는다. 그래서 사진을 잘 찍는 사람을 유심히 살펴보면 한곳에 고정되어 있기보다는 사다리 위에도 올라가고 앉기도 한다. 경우에 따라서는 바닥에 눕기도 한다. 이렇게 하면 같은 피사체일지라도 위에서 바라본 모습, 아래에서 바라본 모습, 대각선으로 바라본 모습 등 다양한 모습을 볼 수 있다.

　　사람을 보는 것 역시 비슷하다. 마치 사진을 찍는 것과 같다. 매번 정면만 볼 것이 아니라 다양한 각도에서 봐야 한다. 사물도 이리 돌려 보고 저리 돌려 보면 다른 모습들이 나타나는데 하물며 사람은 말할 것도 없다. 여러 방면에서 사람을 보면 단편적인 모습이 아니라 전체적인 모습이 보이기 시작한다.

그러니 이제는 그동안 익숙하게 봐 왔던 것에서 벗어나 조금 움직여 보자. '보이는 것이 다가 아니다.'라는 말도 있지 않은가? 당신 옆에 있는 사람도 마찬가지다. 당신이 그 사람을 얼마나 다른 측면에서 볼 수 있는 눈이 많은가에 따라 장점이나 잠재력도 보이고 끄집어낼 수도 있다.

5.
당신이 쌓아 올리고자 하는 것은 무엇입니까?

축적 / 2019. 9. 15. / 사찰을 거닐다 촬영

산행을 하다 보면 길가에 정성스럽게 쌓아 놓은 돌탑을 종종 마주하게 된다. 그 주변을 둘러보면 크기와 높이가 다른 탑들도 눈에 들어온다. 누가 언제 쌓아 올렸는지는 모르지만 분명 무언가 이루어지기를 바라는 간절한 마음에서 비롯되었을 것이다.

필자 역시 쌓여진 돌탑 위쪽 또는 그 주변에 작은 돌 하나를 쌓았던 기억이 있다. 행여나 그 돌탑이 무너질까 걱정되는 마음에 조심스럽게 주의를 기울였고 필자가 원하는 무언가가 이루어졌으면 하는 기원도 했다.

이렇게 쌓은 것은 산행 길에 볼 수 있는 작은 돌탑뿐만이 아니다. 요즘은 보기 어렵지만 예전 마을 어귀에는 서낭당이라는 것도 있다. 이 역시 주변에 있는 돌들을 쌓아 만든 형태인데 돌탑과 마찬가지로 무언가를 기원하는 목적을 가지고 있다.

쌓여진 돌의 크기와 모양이 제각각임에도 불구하고 높게 올라가고 쉽게 무너지지 않은 것은 몇 가지 이유가 있어 보인다.

우선 그 돌을 쌓는 사람의 마음, 즉 정성이 들어갔기 때문이다. 제아무리 평평하고 쌓기 좋은 돌일지라도 쌓는 사람의 정성이 들어가지 않으면 높이 올라가지 않는다.

더군다나 한눈에 보기에도 정성 들여 쌓은 것이 느껴지면 쉽사리 무너뜨리지 못한다. 설사 타인의 실수에 의해 무너졌다고 하더라도 그 사람에 의해 바로 복구된다. 이 점이 바로 돌탑이 쉽게 무너지지 않는 이유 중 하나다. 정성이 들어갔는지 혹은 들어가지 않았는지는 대부분

직관으로 알 수 있다.

다음으로는 그 돌을 쌓는 사람이 생각하면서 쌓았기 때문이다. 지금 놓은 돌만 생각하는 것이 아니라 다음에 그리고 또 그다음에 올라갈 돌을 생각하면서 쌓았기 때문에 높게 쌓았지만 잘 무너지지 않는 것이다.

생각하면서 쌓으면 자기 주변에서 가까운 곳에 있는 돌만 찾지는 않는다. 쌓게 될 돌탑의 높이를 생각하고 있으니 이에 적합한 돌과 적합하지 않은 돌들이 구분된다. 그리고 적합한 돌을 찾기 위해 지금 있는 곳에서 멀리 떨어진 곳까지도 기꺼이 움직이고 둘러보게 된다. 이렇게 찾은 돌들이 쌓여져 자신이 생각한 높이와 안정성을 갖춘 돌탑이 되는 것이다.

이제 쌓아야 할 대상을 자신의 삶으로 전환해 보자. 당신의 삶에서 쌓아올리고자 하는 것은 무엇인가? 명예? 명성? 부(富)? 덕(德)? 선(善)?

개인별로 차이가 많겠지만 무언가 쌓아올리고자 하는 것이 있다면 한마디로 정성을 기울이고 생각을 많이 해야 한다. 주변만 볼 것이 아니라 멀리 내다봐야 하고 직접 움직이기도 해야 한다. 아울러 쌓고자 하는 것이 무엇이 되었건 한 번에 쌓아질 리는 만무하니 인내심과 끈기 등과 같은 내면의 힘도 있어야 한다.

돌탑 하나를 쌓더라도 정성과 생각이 깃드는데 하물며 자신의 삶에서 무언가를 쌓고자 한다면 훨씬 더 많은 정성과 생각이 들어가야 한다는 것은 두말할 나위도 없다.

6.
당신은 어떻게 아포리아(aporia)에서 벗어납니까?

탈출 / 2016. 5. 7. / 제주 미로길에서 촬영

길이 막혔다. 지금까지 돌아간 적은 있어도 막힌 적은 없었는데. 좌우를 둘러봐도 틈새가 보이지 않는다. 눈앞에 있는 벽은 쉽사리 넘기 힘들어 보인다.

이는 물리적 공간에서만 느낄 수 있는 것은 아니다. 오히려 물리적인 공간보다는 사유의 공간에서 더 많이 느끼게 되는 경우가 많다. 고대의 철학자들은 이를 일컬어 아포리아(aporia)라고 명명했다.

아포리아의 의미는 '막다른 곳에 다다름'이다. 이를 조금 더 설명해 보면 사물에 관하여 해결 방법을 찾기 힘든 상황이나 상태로 해결이 어려운 문제를 나타내는 말이기도 하다.

아포리아는 일상에서도 발견된다. 대화나 토론의 과정 속에서 말문이 막히는 경우도 그렇고 이럴 수도 없고 저럴 수도 없는 모순에 직면한 경우도 그렇다. 아포리아에 빠지는 경우는 스스로 빠지기도 하지만 타인이나 상황에 의해 빠지기도 한다. 물론 이런 경우가 일상에서 비일비재하게 나타나지는 않지만 한 번 빠지게 되면 쉽사리 나오기 힘든 것도 사실이다.

아포리아에 빠졌다면 여기에서 벗어날 방도를 찾아야 한다. 그리고 이러한 방도는 사전에 준비되어야 한다. 그래야 아포리아의 늪에서 빠져나오기 수월하다.

먼저 제시해 볼 수 있는 것은 막힌 곳에서 다른 곳으로 움직이지 말고 잠시나마 그대로 머물러 있어 보는 것이다. 이는 자신이 잘 모르는 상태나 모순된 상황에서 무언가를 하면 할수록 점점 더 깊은 아포리아

속으로 들어가게 되는 것을 미연에 방지하는 것이다. 이렇게만 하더라도 지금의 상황이나 문제가 악화되는 것을 막거나 지연시킬 수는 있다.

다음으로는 왔던 길을 되돌아가 보는 것이다. 바둑으로 보면 일종의 복기(復棋)를 해 보는 것이다. 이 과정을 통해 어디에서부터 문제가 있었는지를 알 수도 있고 무엇부터 다시 해야 하는지도 알게 되는 경우가 많다. 다만 주의할 것이 있다면 자신이 해왔던 것에 대해 혹은 걸어왔던 것에 대해 스스로 당위성을 부여하거나 그때는 그럴 수밖에 없었다는 등의 변명을 하지 말아야 한다. 이 과정을 함께하는 사람이 있다면 서로에 대한 비난은 금물이다.

마지막으로는 스스로에게 질문을 해 보는 것이다. '나는 왜 여기에서 막혔을까?' 등과 같은 직접적인 질문부터 시작해서 여러 가지 파생된 질문을 스스로에게 하다 보면 처한 상황을 극복하거나 문제 해결 등에 단초가 되는 실마리를 찾게 되기도 한다. 고대 그리스 철학자 플라톤(Platon)은 사람이 아포리아 속에 빠지면 질문을 하게 되고 그 질문에 답을 해 나가는 과정을 경험한다고 했다. 질문에 대한 답을 생각하는 과정이 곧 문제 해결의 과정이기도 하다.

아포리아에 빠졌다는 것을 실패로 인식해서는 안 된다. 오히려 하고 있는 분야나 일에서 성공의 가도를 달리고 있을 때 아포리아를 마주하게 되는 경우가 많다. 그래서 아포리아를 만나게 되면 낙담하기보다는 긍정적으로 생각할 필요가 있다. 그리고 당연한 말이겠지만 아포리아에서 빠져나오는 주체는 자기 자신이 되어야 한다.

7.
당신은 언제 일시정지(pause) 버튼을 누르십니까?

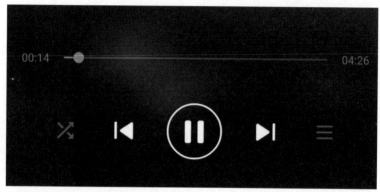

집중 / 2019. 12. 18. / 음악을 듣다가 화면 캡쳐

___

듣고 있던 음악이 멈췄다. 당연하다고 생각하지 않는다. 지금 듣고 있는 음악이 왜 멈췄는지 들여다보게 된다.

드문 일이기는 하지만 디지털 기기를 통해 음악을 듣다 보면 중간에 끊김이 생기는 경우가 있다. 파일의 문제가 아니라면 대부분 잠시의 멈춤 뒤에 곧바로 음악이 흘러나온다. 일반적으로는 디지털 기기의 사양이나 파일의 크기에 영향을 받아 생기는 현상이기도 하다.

반면 의도적으로 멈추는 경우도 있다. 합주곡이나 합창곡에서 악곡의 흐름을 멈추고 모든 악기가 일제히 쉬는 것이다. 음악 용어로는 '게네랄파우제(Generalpause)'라고도 불린다.

무엇보다 음악이 재생되는 과정에서 잠깐의 멈춤은 듣는 이의 주의를 끄는 효과가 있다. 멈춤이 없이 자연스럽게 흘러나오는 음악을 들으며 다른 일을 하거나 주의가 분산되다가도 일단 음악이 멈추면 자연스럽게 시선이 그쪽으로 향하게 되는 것이다. 어떤 문제가 발생한 것이 아닌가라는 생각에서다.

이와 같은 현상은 음악을 듣는 과정에서만 나타나는 것은 아니다. 일상에서도 주의를 기울이게 되는 경우가 있다. 이른바 포즈(pause)라고 명명되는데 주로 강의나 연설, 프레젠테이션 등과 같은 커뮤니케이션이 이루어지는 상황에서 접할 수 있다. 2011년 1월 12일 미국 애리조나 총기 사고에서 당시 미국의 대통령이었던 오바마(Barack Obama)가 연설 도중 갑작스럽게 51초간 침묵한 것이나 상대방에게 중요한 메시지를 전달하기 전에 몇 초간 잠시 말을 멈추는 것 등이다.

그런데 이러한 일시 정지는 비단 음악이나 커뮤니케이션에 국한되지 않는다. 스스로에게도 일시 정지, 즉 포즈(pause)는 필요하다. 주로 일상적으로 하고 있는 일이나 당연하다고 생각해 왔던 것을 의도적으로 잠깐 멈춰 보는 것이다.

개인에게 있어 잠깐의 멈춤은 흩어졌던 주의를 한곳으로 모을 수 있는 효과가 있다. 대개는 본질이나 기본에 주의를 기울이게 된다.

소위 그동안 앞만 보고 달려간 경우라면 가고자 하는 곳이나 가고 있는 방향이나 방법 등이 올바른지 등에 대해 생각해 볼 수 있는 것이다. 이는 일상에서 잠깐의 멈춤이 없으면 하기 힘든 과정이기도 하다.

그리고 잠깐의 멈춤은 문제의식을 갖게 만들기도 한다. 자연스럽거나 당연하다고 생각했던 것에 대해 스스로가 점검을 해 보게 되는 것이다. 이 과정에서 간과했던 문제를 발견하기도 하고 예상치 못한 것에 대해 대비도 할 수 있다. 물론 문제가 없다는 것을 확인했다면 그것만으로도 의미가 있다.

아울러 잠깐의 멈춤은 스스로에게 중요한 메시지를 주기도 한다. 일종의 내면의 소리를 들을 수 있는 것이다. 잠시 하던 일이나 생각을 멈추고 명상에 잠겨보면 된다. 왜 이런 생각을 했는지 혹은 왜 이렇게 하고 있는지 등과 같은 질문을 자기 자신에게 던지고 이에 대한 답변을 생각하는 과정 속에서 의미 있는 메시지와 만나게 될 수도 있다. 이 역시 잠깐의 멈춤이 있어야 가능하다.

앞서 언급했던 음악이나 연주 그리고 커뮤니케이션의 과정 속에서 접하는 일시 정지는 타인이나 상황에 의한 것으로 자신의 의지와는 무관하다. 그럼에도 불구하고 잠깐의 멈춤으로 인해 느끼는 것은 상상한 것 이상이다. 자신의 의지와 무관하게 멈춰진 효과가 이 정도라면 스스로의 의지에 의한 잠깐의 멈춤이 주는 효과에 대해서는 의심할 여지가 없을 것이다.

이제 남은 것은 언제 스스로에게 일시정지(pause) 버튼을 누르느냐에 대한 결정이다. 꼭 특정한 시간을 정해 놓을 것까지는 없을 것이다. 그러나 중요한 일일수록 급박한 상황에 처해 있을수록 일시정지 버튼을 누르는 것에 주저함은 없어야 할 것이다.

8.
당신에게 성취와 성공의 도약을 위한 발판은 무엇입니까?

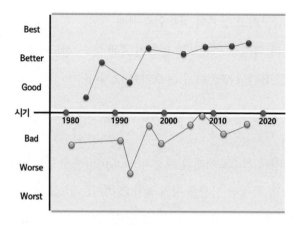

성찰 / 2020. 1. 7. / 강의안을 준비하면서 화면 캡쳐

인생그래프라는 것을 그려 본 적이 있다. 태어나서부터 지금까지 자기 인생을 되돌아보면서 연도별 혹은 연령대별 자신에게 발생하거나 자신이 경험한 주요 국면이나 결과 등에 대해 스스로 평가를 해 보는 것이다. 단순하게는 좋았거나 나빴던 기분의 정도가 표기된 숫자에 점을 찍는 것으로 표현하기도 한다.

이렇게 각 연도나 연령대별로 표기된 점과 점을 선으로 이어 보면 개인별로 다양한 모양의 그래프가 그려진다. 어떤 사람은 큰 기복이 없이 수평선이 그어지기도 하고 또 다른 사람은 시간의 흐름과 함께 점점 성장하는 방향으로 대각선이 그어지기도 한다. 그러나 대부분의 경우에는 시기별 좋고 나쁨이 극명해서 들쑥날쑥한 모양으로 나타난다. 이렇게 연결된 선의 모양이나 방향을 보면 삶 전체의 궤적이 보이기도 한다.

그런데 이러한 인생그래프를 전체적인 느낌으로만 보고 끝낼 것은 아니다. 조금 더 세심하게 살펴볼 필요가 있다. 세심하게 살펴본다는 것은 해당 기분을 나타내는 숫자가 표기되기 전의 상황을 되돌아보는 것을 말한다. 많은 경우 높은 점수는 특정 목표 달성이나 성취의 시점이 되겠지만 그렇게 되기까지의 점수는 상대적으로 낮았을 것이다.

바로 이 부분이 눈여겨봐야 할 점이다. 좋은 결과나 행복한 감정의 기저에는 소위 말해 아픔이나 실패라고 생각되는 상황이나 과정이 있었다. 예를 들어 취업에 성공했던 시점은 좋았겠지만 그 직전이라고 할 수 있는 취업을 준비하던 기간을 돌아보면 그렇지 않을 수 있다. 취업뿐만이 아니다. 학업도 그렇고 대인관계도 그렇다. 하고 있는 일도 마찬가지다.

이를 거꾸로 생각해 보면 어떤 분야에서든 성과를 얻기 전까지의 과정에서 겪는 어려움들은 마치 성과와 한 묶음 같다고 볼 수 있다. 물론 얼핏 생각하면 어려움 없이 무언가를 성취하는 것이 좋을 것 같지만 현실 세계에서는 쉽게 찾아보기 어렵다.

인생그래프에서 눈여겨봐야 할 점은 또 있다. 그것은 좋은 결과나 성취로 인해 위에 찍은 점들과 어려움을 느껴 아래에 찍은 점들이다. 위에 찍은 점들만 연결해 보면 나의 인생은 크고 작은 성공과 성취로 이어진 모습이다. 반면 아래에 찍힌 점들만 연결해 보면 힘들고 어렵기만 한 모습으로 보인다. 같은 인생임에도 불구하고 자신이 어떤 점들을 바라보느냐에 따라 삶에 대한 평가가 달라지는 것이다.

삶에 대한 태도나 새로운 것에 대한 도전 여부는 자신이 어떤 점들을 보느냐에 달려있다. 만일 자신이 성공과 성취로 찍힌 점들을 본다면 삶에 대한 긍정적인 자세와 함께 무언가에 대한 도전과 실행을 하는 데 거리낌이 없을 것이다.

자신의 삶에서 또 다른 도약과 비상을 해야 할 시점이 되었다면 새로운 것을 도전하기에 앞서 실패나 어려움을 걱정할 것이 아니라 그 과정이 있어야 올라갈 수 있다고 생각해 보자. 그 과정이 곧 성공과 성취를 위해 딛어야 하는 발판이기도 하다. 그리고 어쩌면 그 발판을 지금까지 밟아 왔거나 밟고 있는 중일 수도 있다. 트램펄린(trampoline) 위에서 뛰어 보면 몸으로 느낄 수도 있다.

9.
당신은 당연한 것에서 어떻게 벗어납니까?

새로운 생각 / 2020. 1. 20. / 컴퓨터로 작업 중 촬영

지금은 그렇지 않지만 키보드와 마우스를 쓰려면 당연히 컴퓨터와
유선으로 연결되어 있어야 했던 시절도 있었다.

'몸무게가 있으니까 당연히 물이 넘치지.', '가을이니까 사과가 떨어
지는 건 당연하잖아.'

만일 아르키메데스(Archimedes)와 뉴턴(Isaac Newton)이 이처럼 자신이 경험하거나 본 것을 당연하게 생각했다면 우리는 제2의 아르키메데스나 뉴턴이 나오기 전까지 수많은 시간을 당연함이라는 굴레에서 벗어나지 못했을 것이다.

이는 비단 과학이나 기술의 영역에만 국한된 것은 아니다. 일상에서도 당연하다고 여겨져 왔던 것들이 많다. 그리고 그중 일부는 당연함에서 벗어났거나 벗어나고 있다.

예를 들면 소유에 관한 것들이다. 불과 몇 년 전까지만 해도 필요한 물건이 있다면 사는 것이 당연하다고 생각했다. 그러나 요즘은 다르다. 굳이 사지 않아도 된다. 사는 것이 당연하다는 생각을 벗어나 '공유하면 어떨까?'라는 생각이 만들어 낸 결과다. 물론 아직까지도 필요한 것이 있다면 구매하거나 구입해야 하는 것이 다반사지만 점차 공유의 대상이 확산되고 있는 것은 자명하다.

물건에 대한 소유뿐만이 아니다. 사람 간의 관계나 하고 있는 일을 비롯해서 지금까지 사회 곳곳에서 당연하게 여겨지거나 수행되어 왔던 것들도 당연함이라는 틀에서 벗어나려는 시도들을 하고 있다. 그리고 당연함에서 벗어난 결과, 어떤 문제를 해결하는 데 있어 새로운 접근 방식이 적용되기도 하고 그동안 존재하지 않았던 비즈니스 모델 등이 생겨나기도 했다.

일상에서 빈번하게 접하는 '당연하지'에서 벗어나기 위해서는 먼저 스스로에게 '왜?'라는 질문을 해 봐야 한다. 상대방에게 던지는 '왜?'라는 질문은 상황이나 경우에 따라 다소 공격적이고 호전적으로 들릴 수 있다. 그러나 자신에게 하는 '왜?'라는 질문은 스스로 빠져버린 '당연하지'의 늪에서 빠져나올 수 있는 튼튼한 밧줄이 되기도 한다. 쉽게 접근하면 지금 하고 있는 일이나 활동 혹은 계획 등에 '왜?'라는 의문사를 붙여 보는 것이다. 이에 대한 만족스러운 답변을 찾아가는 과정이 바로 당연함에서 빠져나오는 길이 될 수 있다.

다음으로는 맥락을 달리 보는 것도 '당연하지'에서 벗어나는 방법 중하나다. 만일 조직을 관리하거나 운영하는 입장에서 그동안 조직을 리더 중심의 맥락에서 봐 왔다면 이번에는 팔로워 중심의 맥락으로 바꿔서 보는 것이다. 이렇게 맥락만 바꿔보더라도 그동안 당연하다고 여겨졌던 것들의 상당수가 달리 보이게 된다. 고객 중심으로 보거나 사용자 중심으로 접근하자는 것도 이 영역에 속한다고 볼 수 있다.

그리고 '당연하지'에서 벗어나는 또 다른 방법 중 하나는 당연하다고 생각하는 것이 있다면 이와 같은 범주 내에 있는 사람이 아니라 다른 범주에 있는 사람과 만나 보는 것이다. 비슷한 사람들끼리 모여서 이야기를 나누거나 문제 해결을 할라치면 매번 엇비슷한 과정과 결론에 다다르는 경우가 있다. 이를 벗어나기 위해서는 의도적으로 다른 분야에 있는 사람들과 만날 필요가 있는 것이다. 만일 사람이 어렵다면 책으로 접하는 것도 대안이 될 수 있다.

당연한 것조차 모른다는 것은 큰 문제다. 그렇지만 더 큰 문제는 당연한 것에 대한 의문을 품지 않는 것이다. 당연함에 매몰되어 있는 개인과 조직은 더 이상의 성장을 기대하기 어렵기 때문이다.

10.
당신은 오늘 어떤 신발을 신고 나섰습니까?

목적 / 2020. 3. 24. / 출장지 숙소에서 출근 전 촬영

집을 나설 때마다 단 한 번도 거르지 않는 행위가 있다. 신발을 신는 것이다. 아무리 급해도 신발은 반드시 신고 나선다.

매일 신는 신발이지만 같은 신발만 신는 것은 아니다. 목적에 따라 혹은 가고자 하는 장소의 성격에 따라 그리고 입고 있는 옷에 따라서도 신어야 할 신발은 달라진다.

운동을 하려고 나설 때 구두를 신지는 않는다. 정장을 입고 가야 하는 장소에 운동화를 신는 것도 개인적으로는 어색하다. 집 주변을 다녀오는 정도라면 슬리퍼도 문제가 없다. 하지만 거리가 멀거나 추운 날씨라면 그에 맞는 신발을 신게 된다.

이렇게 보면 살면서 적어도 몇 가지 종류의 신발은 갖추고 있어야 할 것 같다. 물론 그 신발들이 유행을 따르거나 값비쌀 필요까지는 없다.

먼저 갖춰야 할 신발은 건강을 유지하기 위한 신발이다. 대표적으로는 운동화가 될 것이다. 이른 아침에 공원이나 운동장 혹은 러닝머신 위를 달리거나 각종 운동을 하기에 적합한 신발 하나쯤은 있어야 한다. 건강을 잃으면 모든 것을 다 잃는다는 말을 떠올려 보면 무엇보다 우선적으로 갖춰야 하는 신발이기도 하다.

다음으로는 자신의 일을 하는 데 적합한 신발이다. 구두도 될 수 있고 안전화가 될 수도 있으며 군화 등과 같은 신발도 포함된다. 이와 같은 신발은 신을 때 혹은 신발의 끈을 묶으면서 자신이 하는 일의 의미와 가치 그리고 중요성을 다시 한번 인식하게 만들어 주기도 한다. 물론 경우에 따라서는 약간의 불편함을 감수하면서 신어야 할 수도 있지만 대개의 경우 그 일을 하는 데 있어 반드시 필요하거나 최적화된 신발이 많다.

아울러 새로운 길을 걷고자 할 때 필요한 신발도 있다. 만일 지금까지 평지를 걸어왔는데 앞으로 산길을 걸어야 한다면 아무래도 구두보다는 등산화가 유용할 것이다. 물론 새로운 길이 포장되지 않은 길이나 오르막길 등과 같은 물리적인 길만을 뜻하지는 않는다. 그리고 이 신발은 반드시 눈에 보이는 유형의 신발일 필요도 없다. '창의'라는 신발일 수도 있고 '변화'라는 신발일 수도 있다.

이미 이와 같은 신발들이 있다면 이제 유심히 살펴봐야 할 부분이 있다. 바로 신발의 바닥이다. 신발의 바닥을 보면 자신이 그 신발을 얼마나 많이 신고 다녔는지를 알 수 있기 때문이다.

당연히 많이 신으면 신을수록 바닥은 닳아 있을 것이고 그만큼 그 신발을 신고 해야 할 일들을 많이 했다는 것을 확인할 수 있다. 그리고 스스로가 그동안 어떤 일에 더 많은 시간과 노력을 기울였는지도 미루어 짐작해 볼 수 있다. 역으로 보유한 지 오랜 시간이 되었음에도 불구하고 여전히 신발의 바닥 부분이 멀쩡하다면 거꾸로 해석해 볼 수 있는 여지도 있다.

리더스타그램

이런 측면에서 보면 생각만 하지 말고 발로 뛰라는 말이 자기 자신과 자신이 하고 있는 일에 최선을 다하라는 의미로 다가오기도 한다. 따라서 앞서 예로 든 신발들은 신발장이나 마음의 한구석에 고이 모셔 놓을 것이 아니라 자주 꺼내어 신고 다녀야 한다.

신고 있는 신발이나 신으려는 신발을 보면 그 사람이 무엇을 하려고 하는지 혹은 어디로 가려고 하는지에 대해 나름대로의 추정을 해 볼 수 있다.

오늘 당신은 어떤 신발을 신고 다녔는가? 신었어야 하는 신발이 맞는가? 그 신발은 어디로 향하는 신발이며 무엇을 하려고 신은 신발인가? 내일 그리고 그다음에 신을 신발은 준비되어 있는가? 신발은 당신의 발을 감싸 주기 위해서만 존재하는 것이 아니다.

11.
당신의 화살표는 어디를 향하고 있습니까?

방향 / 2020. 5. 1. / 집 앞 도로에서 촬영

관심을 갖고 주변을 둘러보면 유독 화살표가 많이 보인다. 도로 위나 건물 내·외부를 비롯해서 제품 설명서 등과 같은 책자에서도 화살표를 심심치 않게 볼 수 있다. 컴퓨터를 사용하는 경우 마우스를 움직여 보면 역시 화살표가 나타난다. 문서를 작성하거나 발표를 하는 경우에도 화살표가 빠지는 경우는 많지 않다.

이처럼 화살표는 무엇을 보아야 하는지를 알려 줄 뿐만 아니라 어디로 가야 하는지를 보여 주기도 한다. 화살표가 보이면 자연스럽게 화살표가 가리키는 쪽으로 시선이 움직이게 되는 것도 화살표가 갖고 있는 힘이다. 그래서 화살표는 단순하지만 상당히 유용한 기호라고 할 수 있다.

화살표가 많이 사용되는 만큼 그 이점도 많다. 일단 화살표가 보이면 의사 결정의 속도가 빨라진다. 무엇이 중요한지와 어디로 가야 하는지를 직관적으로 알아챌 수 있기 때문이다. 시간을 아낄 수 있는 것은 당연하다.

그리고 화살표가 보이면 안정감도 생긴다. 특히 여러 갈래 길에서 선택을 해야 할 때나 특정 장소 혹은 내용을 찾을 때라면 더욱 그렇다. 물리적 공간을 포함해서 선택해야 하는 범위가 넓은 경우라면 화살표는 큰 도움이 된다.

화살표는 신뢰감도 준다. 하나하나 확인하지 않더라도 우리는 화살표가 가리키는 것에 대한 믿음이 있다. 화살표를 역행하는 일이 많지 않은 것을 보면 알 수 있다. 이렇게 보면 화살표는 일종의 사회적 약속이기도 하다.

반면 화살표가 눈에 띄지 않는다면 정도의 차이는 있겠지만 불편함을 느끼게 된다. 새로운 고민이 시작되고 확신이 들지 않는 결정을 하게 될 수도 있다. 또한 가는 방향이 맞는지 혹은 찾고자 하는 것을 제대로 찾고 있는 것인지 등에 대한 의구심도 들게 된다. 그래서인지 몰라도 어렵사리 화살표가 표시되거나 이를 발견하게 되면 화색이 돋기도 한다.

일상에서 그려진 화살표는 대부분 자신이 아닌 다른 사람이 그린 경우가 많다. 다른 사람들이 그려 놓은 화살표를 보고 따라가는 것은 쉽고 편리할 수 있다. 물론 문제 될 것도 없다.

그러나 자신의 삶으로 시선을 옮겨 보면 생각을 달리해야 할 필요가 있다. 즉 스스로가 자신의 삶에서 무엇을 찾고자 하며 어디로 갈 것인지 등을 나타내는 화살표는 직접 그려야 한다는 의미다. 삶의 주인공은 자기 자신이기 때문이다.

그리고 그 속에는 직선으로 된 화살표도 표시되어야 하지만 곡선의 화살표도 표시되어 있어야 한다. 또한 실선으로 그려진 화살표는 물론, 점선으로 그려진 화살표도 포함되어야 한다. 삶은 직선이나 실선으로만 이루어지지 않으며 예상치 못한 일도 종종 발생하기 때문이다.

자신의 삶에 그려 놓은 화살표가 주는 힘과 장점은 일상에서 보는 화살표와는 비교도 되지 않는다. 화살표는 누구나 쉽게 그릴 수 있으며 화살표가 있는 삶은 목적이 있는 삶이기도 하다. 아직 화살표를 그리지 않았다면 이번 기회에 한번 그려 보면 어떨까?

12.
당신답다는 것을 어떻게 보여 주십니까?

자기다움 / 2019. 11. 18. / 명함들을 정리하면서 촬영

조직이 바뀌고 직함이 바뀔 때마다 명함도 바뀌지만 명함만으로는 당신다움을 보여 주기 어렵다.

어떤 대상이든지 스스로 지니고 있는 고유한 특징이 있다. 이러한 특징 중에서 상당 부분 사회적인 합의가 이루어진 모습이 나타나는 경우에 우리는 일반적으로 '~답다'라고 표현한다. 따라서 '~다운 것'은 단시간에 만들어지지도 않을뿐더러 우연에 의해 이루어지지도 않는다.

일상에서 '선생님답다', '부모답다', '리더답다', '학생답다' 혹은 '너답다' 등과 같은 말을 들어 본 적이 있거나 상대방에게 말한 경우를 떠올려 보면 된다.

이와 함께 누군가에게 '~답다'는 말을 한다면 그것은 일시적인 느낌에 의해서 표현하는 것이 아니라 오랜 시간 동안 축적되어 온 그 사람의 언행이나 특성에 기인한 결과물이라는 것을 어렵지 않게 알 수 있다. 그래서 '~답다'는 것은 그 사람에 대한 일종의 라벨링(labeling)이기도 하다.

이러한 점에서 볼 때 '~답다'라는 표현은 그 사람의 현재와 과거를 함축해서 나타낸다고 볼 수 있으며 긍정적이기도 하지만 때때로 부정적일 수도 있다. 긍정적인 측면에서 볼 때 '~답다'는 표현에는 그 사람의 인품, 자질, 능력 등을 비롯해서 수많은 의미가 함축되어 있다. 그런데 '~답다'라는 표현이 부정적으로 사용되는 경우라면 그 사람에 대한 오해나 왜곡, 편견 등을 야기할 가능성도 크다.

한편 '~답다'는 것은 그 사람의 말이나 행동에 대한 예측도 가능하게 만들어 준다. 예를 들어 'A 씨는 B답다'라고 한다면 대부분의 경우 A 씨로부터는 B의 특징이 내포된 언행을 발견하게 된다. 그리고 이와 같은 A 씨의 언행은 다시 순환되어 상대방에게 'A 씨는 B답다'라는 인식을 더욱 공고하게 만들어 준다. 그것이 긍정적인 측면에서건 부정적인 측면에서건 말이다.

그래서 누군가로부터 '~답다'라는 말을 듣게 되는 경우라면 강화(強化)와 소거(消去)라는 두 가지 측면에서 자신의 언행을 되짚어 볼 필요가 있다. 굳이 언급하자면 긍정적인 요인들 간의 연결고리는 더욱 강화시켜 나가야 하며 부정적 요인들이 있다면 그 악순환의 고리를 끊어 내야 한다.

'나다움' 역시 마찬가지다. '나다움'을 찾고 보여 주기 위해 오랜 시간에 걸쳐 교육을 받고 학습을 하며 경험을 쌓아 왔음에도 불구하고 정작 '나다움'을 찾지 못하거나 보여 주지 못하는 경우가 많다.

이는 교육과 학습 그리고 경험이 잘못된 것이 아니다. '~답다'라는 것은 명백히 동사인데 이를 종종 형용사나 부사 정도로 인식했기 때문일 수 있다. 다시 말해 개인에게 있어 '~다운 것'은 꾸밈의 영역이 아닌 행동의 영역이라는 것이다. 그리고 이는 얼마나 많은 내용을 알고 있느냐의 문제가 아니라 얼마나 많이 그리고 얼마나 자주 행동하느냐의 문제이다.

 따라서 '나다움'을 스스로 찾고 보여 주며 '당신답다'라는 말을 듣고자
한다면 머릿속에서만 생각하지 말고 직접 실천해 봐야 한다. 그 시작
은 '나답다'는 것에 대한 이미지를 그려 보는 것이다. 아울러 자신이 마
주하는 직·간접적인 상황에서 '나라면 어떻게 했을까?'에 대한 답을 끊
임없이 해 보는 것이기도 하다.

13.
당신만의 시간을 어떻게 만드십니까?

비행기 모드

사유(思惟) / 2020. 6. 17. / 출장길 항공기에서 휴대폰 화면 캡처

가끔 항공기를 이용하는 경우가 있다. 기내에서 착석을 하고 출발하기에 앞서 항상 하는 행동은 스마트폰과 같은 디지털 기기를 비행기 모드로 바꿔 놓은 것이다. 물론 기내에서 이에 대한 안내방송도 한다.

비행기 모드는 스마트폰에서 통신 기능을 중지시키는 것이다. 전화를 걸거나 받을 수 없으며 인터넷도 사용할 수 없다. 불과 몇 분 전까지만 해도 스마트폰을 통해 여러 사람들과 다양한 방법으로 연결되었지만 비행기 모드로 전환되는 순간 단절된다.

물론 이와 같은 단절이 계속되는 것은 아니다. 또한 비행기 모드로 전환하여 일시적으로 연결이 되지 않는다고 해서 심각한 문제가 발생하는 경우는 많지 않다.

그리 많은 시간은 아니지만 비행기 모드로 전환하게 되면 일상에서 찾지 못한 잠깐의 여유를 느낄 수 있다. 그리고 그 시간만큼은 오로지 나만의 시간이 된다. 외부와의 연결이 해제되었을 때 비로소 나만의 시간을 느끼게 되는 것은 어쩌면 오늘날을 살아가는 많은 사람들에게 공통점일 수도 있다.

그렇다면 나만의 시간을 갖게 된 사람들은 무엇을 할까?

기내에서는 음악을 듣거나 영화를 시청하고 책을 보기도 한다. 동행한 사람이 있는 경우라면 그 사람과 대화도 한다. 잠을 청하는 것도 빠지지 않는다. 기내라는 공간적 한계에 처해 있기 때문일 것이다.

그런데 이러한 활동이 비단 기내에서만 이루어지는 것 같지는 않다.

일상에서도 나만의 시간이 주어지면 한 번쯤은 경험한 일들이거나 그렇게 하고자 한다. 일상에 지치고 여유가 없어 못 했던 것들이기에 더욱 공감이 간다. 그리고 나만의 시간이니 나를 위한 그 어떤 것을 선택해도 문제 될 것은 없다.

그러나 한 번 더 생각해 보면 나만의 시간이 주어졌을 때 무엇을 하고 싶은지 그리고 무엇을 해야 하는지에 대해 생각해 본 적이 많지 않아 매번 유사한 일들로 나만의 시간을 보냈을 수도 있다.

그래서 나만의 시간이 주어진다면 무엇을 하고 싶은지에 대해 생각해 보고 계획을 세울 필요가 있다.

어떤 사람은 그 시간에 지금 하고 있는 일과 관련해서 더 깊고 넓은 경험을 하고 싶을 수도 있고 이와는 반대로 전혀 다른 분야의 경험을 하고 싶을 수도 있다. 그동안 마무리 짓지 못했던 일을 마무리하고 싶기도 하고 생각뿐이었던 계획을 하나하나 실행으로 옮기고 싶을 수도 있다.

나만의 시간에 무엇을 할 것인가를 계획하는 것만큼 중요한 것은 나만의 시간을 만드는 방법을 강구하는 것이다. 나만의 시간은 남는 시간이 아니다. 더군다나 누군가가 주어야만 가질 수 있는 시간은 더더욱 아니다.

나만의 시간은 스스로가 만드는 시간이다. 나만의 시간이 필요하다고 생각된다면 그 시간을 만들어야 한다. 이는 항공기에 탑승한 후 스스로 스마트폰을 비행기 모드로 전환시켜 외부와의 연결을 일시적으로 해제하여 만든 시간과 다를 바 없다.

정량적으로 접근하는 경우 나만의 시간을 만들기 쉽지 않다. 나만의 시간은 정성적으로 접근해야 만들 수 있는 시간이다. 정성적으로 접근하기 위해서는 결단이 필요하다. 의지의 문제인 것이다.

'나에게 시간이 주어진다면 ~을 하겠다.'라는 생각으로는 나만의 시간을 만들기 어렵다. '나에게 시간이 주어진다면'이라는 조건문을 삭제해야 한다. 그래야만 비로소 나만의 시간이 만들어지고 그 시간에 해야 할 일이나 하고 싶은 일을 할 수 있다.

14.
당신의 삶 속에는 어떤 낙서들이 있습니까?

생각의 유희 / 2020. 8. 8. / 지역 도서관 휴게실에서 촬영

지루한 시간이 어느새 재미있는 시간으로 바뀌었다. 바로 낙서(落書, doodle)를 하면서부터다. 낙서는 주로 집중이 되지 않거나 지루한 상황을 벗어나고자 할 때 하게 된다. 실제로 낙서를 하는 순간부터 시간은 상대적으로 빨리 흐르는 것처럼 느껴진다. 이는 낙서가 재미있기 때문이다.

낙서가 재미있는 이유는 생각과 표현이 자유롭기 때문이다. 낙서는 논리적일 필요도 없고 형식에 얽매일 필요도 없다. 그저 자신의 의식이나 생각의 흐름대로 펜을 움직이기만 하면 된다. 게다가 자신이 한 낙서를 누군가에게 설명하거나 설득할 필요도 없다.

그리고 낙서는 다른 사람들이 알아채지 못한 상황에서 이루어지는 경우가 많은데 이 역시 낙서가 지닌 재미라고 볼 수 있다. 요즘은 거의 찾아보기 힘들지만 화장실이나 공공장소의 한쪽 구석에 남겨진 낙서를 보면 알 수 있다. 그러고 보면 남모르게 하는 행위에는 즐거움이 따르는 모양이다.

또한 낙서의 재미는 타인에 의해서 이루어지지 않고 오로지 개인의 선택에 의해서만 이루어지는 행위라는 점에서도 찾을 수 있다. 다시 말해 낙서는 자발성과 주도성이 있어야 가능한 행위이며 재미를 느끼는 대부분의 행위에는 낙서와 마찬가지로 자발성과 주도성이 있다.

이와 함께 언제라도 할 수 있다는 것 역시 낙서의 재미 중 하나다. 즉 마음만 먹으면 된다.

낙서의 재미는 낙서를 할 때만 느낄 수 있는 것은 아니다. 삶에서도 얼마든지 접목해 볼 수 있다. 삶에서 재미를 느끼지 못하거나 찾지 못했다면 먼저 낙서부터 해 보자.

삶에서의 낙서는 펜으로 하는 것이 아니다. 생각과 표현을 자유롭게 해 보는 것부터가 시작이다.

만일 그동안 가능성, 현실성, 타당성 등과 같이 스스로 혹은 주변에서 만든 여러 가지 제약에 갇혀 있었다면 이러한 낙서를 통해 잠시라도 그 속에서 벗어나 보자. 글자 그대로 상상의 나래를 펼쳐 보는 것이다. 얼마든지 새롭게 생각해 보고 얼마든지 지울 수 있는 삶에서의 낙서는 가뭄에 단비와 같은 역할을 해 줄 수 있다.

아울러 이와 같은 삶 속 낙서에서 끌리는 생각이 있다면 생각에만 그칠 것이 아니라 직접 시도를 해 봐도 좋다. 시기를 저울질할 필요도 없고 주변을 의식할 필요도 없다. 생각이나 의식의 흐름을 의도적으로 가로막지 말고 잘해야 한다는 부담감도 내려놓자. 그야말로 낙서 아닌가?

일반적으로 낙서는 메모와 달리 별 의미가 없이 그려진 그림이나 도형 그리고 끄적거린 글자인 경우들이 많다.

하지만 그 낙서에는 자신의 잠재의식 속에 있던 생각의 조각들이 묻어 나오기도 한다. 그래서인지 이런 생각들이 고스란히 담겨 있는 지난날의 낙서들을 가지고 있었다면 좋았을 것이라는 아쉬움이 남기도 한다.

삶에서의 낙서도 다를 바 없다. 삶의 의미를 찾거나 재미를 느끼기 위해서는 잘 정리된 노트도 필요하겠지만 정리되지 않은 낙서도 필요하다.

삶에서의 낙서는 다양한 생각과 즉각적인 시도를 의미한다. 요즘에 회자되는 용어로 바꿔서 말하면 낙서는 일종의 디자인 씽킹(design thinking)인 것이다. 삶 속에서 낙서를 하다 보면 삶의 재미나 의미를 찾을 수 있는 단초를 발견하게 될 수도 있다. 그러니 자신의 삶에서 낙서를 하는 데 주저하지 말자.

15.
당신이 지우고 싶은 것은 무엇입니까?

삭제 / 2020. 9. 12. / 글을 쓰다가 지운 후 촬영

만일 자신의 삶에서 티끌만 한 흔적도 남김없이 깨끗하게 지워지는 마법의 지우개를 가지고 있다면 무엇을 지우고 싶은가?

적어도 사랑하는 사람이나 좋은 감정, 아름다운 추억 혹은 자랑스러운 일 등은 아닐 것이다.

오히려 지움의 대상은 자신이 원하지 않았던 것들이 많을 것이다. 상대방과의 불편한 감정일 수도 있고 만족스럽지 못한 결과물일 수도 있다. 부끄러웠던 일이나 상처받았던 일 그리고 잘못된 선택 등도 포함될 수 있다.

이처럼 살다 보면 지우고 싶은 것들이 종종 발생하지만 생각만큼 잘 지워지지가 않는다. 오히려 지우려고 애를 쓸수록 더 선명해지는 경우를 마주하게 되기도 한다.

이는 인지언어학자로 알려진 조지 레이코프(George Lakoff)가 자신의 저서에서 언급한 바와 같이 코끼리를 생각하지 말라고 했을 때 오히려 코끼리가 더 많이 생각나는 것과도 비슷한 면이 있다.

하지만 지우는 것이 어렵고 힘들다고 해서 아예 아무것도 하지 않을 수는 없다. 더군다나 처음부터 지울 필요가 없는 일만 선택해서 할 수도 없는 노릇이다.

그렇다면 어떻게 해야 할까?

손으로 편지를 써 본 경험이 있다면 썼다가 지우기를 반복했던 상황을 떠올려 볼 수 있을 것이다. 특히 그 편지를 보게 될 사람이 자신에게 특별한 사람이거나 중요한 내용이라면 이와 같은 행위는 더 많이 반복되기도 한다.

썼다가 지우기를 수차례 하고 나면 나름대로 만족스러운 결과물을 마주하게 되는데 이 과정에서 불필요하거나 잘못된 내용을 그때그때 지우기 위해서는 지우개가 필요하다.

그런데 이와 같은 지우개는 자신의 대인관계와 일 그리고 삶에 있어서도 필요하다. 그 속에서도 지워야 할 불필요하거나 잘못된 일들이 발생할 수 있기 때문이다.

일상에서 지우개의 역할과 기능을 할 수 있는 것이 있다. 바로 멘토(mentor)와 책이다. 어쩌면 지우개보다 더 효과적일 수도 있다. 깨끗하게 지워 주기 때문이 아니다. 지워야 할 것을 많이 만들지 않도록 해주기 때문이다.

멘토와 책은 이미 벌어진 일보다는 미래에 발생한 일에 초점이 맞춰져 있다. 그래서 지나간 일들을 지울 수는 없지만 시간이 흘러 지난날을 돌이켜 봤을 때 지워야 할 것들을 상당 부분 최소화시켜 줄 수 있다.

또한 멘토와 책은 자신이 하고자 하는 일이나 행동 또는 선택의 결과에 대해 일종의 미리 보기를 제공해 줄 수 있다. 먼저 경험한 사람과 사례들을 접할 수 있기 때문이다. 이런 점에서 멘토와 책은 해결책보다는 예방책에 가깝다고 볼 수 있다.

다만 자신의 멘토와 책은 저절로 다가오는 경우가 많지 않다. 스스로 준비하고 찾아 나서야 만날 수 있다. 관심을 갖고 둘러보면 분명히 주변에 있다. 아울러 먼저 손을 내미는 것 등과 같은 적극적이고 능동적인 태도와 행동을 병행한다면 더 빨리 접할 수 있다.

옛 노랫말 가사에 나오는 것처럼 자신의 삶의 흔적 역시 쓰다가 틀리면 지우개로 지워도 되겠지만 방법이 있다면 애당초 지워야 할 일을 만들지 않는 것도 생각해 볼 일이다.

16.
당신은 성장(growth)하고 있습니까?

성장 / 2021. 2. 26. / 야외 휴게공간에 핀 꽃망울 촬영

생물학적으로 사람의 성장은 세포의 크기가 커지거나 늘어나는 것을 의미하기도 한다. 그리고 성장은 일정 부분 시간의 흐름과 비례하기도 한다. 그래서 시간이 흐르면 키가 자라고 몸이 커진다.

그러나 우리는 외형적인 모습의 변화만으로 사람의 성장을 이야기하지는 않는다. 성장은 개인의 내면을 비롯해서 관계와 업무 혹은 사회와 문화 등 다양한 측면에서 다루어진다.

이때의 성장은 누군가에게 유용한 무언가를 기여할 수 있는 상태가 되었다는 것을 의미한다. 그리고 성장의 수준은 기여할 수 있는 것의 폭과 깊이에 따라 가늠해 볼 수 있다.

이와 관련 한 개인이 어떤 분야에서 혹은 특정한 인재로 성장하고 싶다고 한다면 무엇보다 해당 분야에서 자신이 하는 일을 통해 누군가에게 도움을 줄 수 있는 사람, 무언가에 기여할 수 있는 사람, 즉 기버(giver)가 되겠다는 생각이 자리 잡고 있어야 한다.

아울러 개인의 역량 개발도 이러한 측면에서 접근해야 할 필요가 있다. 개인이 역량을 개발하는 목적은 그 스스로를 위함도 있지만 그것을 뛰어넘어 자신이 속한 조직 및 사회와 구성원을 위함도 있기 때문이다.

기여의 수준과 방법 등은 다양하다. 무언가를 만들어 내거나 구축하는 등과 같이 물질적이고 가시적인 것도 있다. 이와 함께 도움의 손길을 뿌리치지 않는 것을 비롯해서 누군가에게 좋은 영향력을 전해 주는 것 그리고 아이디어를 제공하거나 자신이 알고 있는 지식이나 경험을 전수해 주는 것처럼 비물질적이고 비가시적인 것도 기여에 포함된다.

그래서 스스로 성장하고 있는지에 대한 판단이나 평가를 해야 한다면 자신이 속한 조직이나 사회 그리고 구성원들에게 얼마나 기여하고 있는지를 살펴보는 것도 하나의 지표가 될 수 있다.

이와 같은 성장을 위해서는 소위 말하는 일정한 수준 이상의 역량이 필요하다. 생각이나 마음가짐(attitude)만으로는 부족하다. 실행으로 옮기는 데 요구되는 지식(knowledge)과 기술(skill)도 뒷받침되어야 한다. 그래서 소정의 교육을 이수하거나 자격증을 취득해야 하기도 하고 경력을 쌓기도 한다.

한편 안타까운 일이지만 시간이 흐를수록 성장이 멈추거나 퇴보하기도 한다. 성장이 멈췄다는 것은 더 이상 타인과 조직 혹은 사회에 기여하기 어려운 상태라고 볼 수도 있다. 자신만 생각하는 이기주의나 공공선(common goods) 또는 인간성(humanity)을 저버리거나 생각하지 않는 것 등을 비롯해서 기존에 습득한 지식이나 기술이 더 이상 유용하지 않는 경우를 들 수 있다.

학습은 이를 예방하는 데 있어 효과적이다. 달리 말하면 성장을 위해서는 학습이 필요하다. 실제로 좋은 교육을 받고 지속적으로 학습하는 것은 개인의 성장에 도움을 주고 긍정적인 영향을 미친다.

성장 지원, 성장 가능성, 성장 동력, 지속 성장 등 오늘날 성장이라는 단어는 개인과 조직 그리고 사회에서 광범위하게 사용되고 있다. 이제 성장을 외치면서 혹 간과하고 있는 것은 없었는지를 살펴보자.

이와 더불어 어떤 측면에서 기여하기 위해 성장하고자 하는가에 대한 생각도 빠뜨리지 말자. 봄이 되면 피어나는 꽃조차도 사람들에게 아름다움을 선사하고자 성장하는 것은 아닐까 생각해 본다.

17.
당신은 하루에 몇 번이나
거울(mirror)을 보십니까?

자기 인식 / 2021. 3. 11. / 후배님들을 위해 주문한 선물을 확인하면서 촬영

학창 시절이나 사회 초년생이었을 때와는 달리 나이가 들고 직위나 직책이 올라가면 줄어드는 것이 있다. 그중 하나는 자신이 했던 말이나 행동에 대해 제대로 된 피드백을 주는 사람들이다.

어린 시절에는 크든 작든 잘못되거나 개선해야 할 점이 보이면 부모님을 비롯해서 선생님, 선배, 친구들에 이르기까지 피드백을 아끼지 않았다. 여전히 주변에는 그 사람들이 있지만 어느 정도 나이가 들거나 특정한 위치에 오르면 피드백을 받는 횟수가 현격히 줄어든다.

문제가 없어서 피드백을 주지 않는 것이 아니다. 주변 사람들이 굳이 말해 줘야 할 필요성을 느끼지 못하기 때문이다. 그리고 말을 해 줘도 듣지 않거나 받아들이지 않을 것이라는 생각도 마음 한편에 자리 잡고 있기 때문이다.

그래서 나이가 들고 지위가 올라갈수록 그리고 리더의 역할을 하게 될 경우 자기 인식(self-awareness)의 중요성과 필요성은 더욱 커진다.

자기 인식은 글자 그대로 스스로에 대해 아는 것이다. 스스로에 대해 타인이 인식하는 것과 자신이 인식하고 있는 것의 차이를 아는 것을 비롯해서 자신이 할 수 있는 것과 하고 싶어 하는 것을 구분할 수 있는 것, 자신을 움직이는 동력이 무엇인지 아는 것 그리고 그 동력을 유지하기 위해 무엇이 필요한지를 아는 것 등도 포함된다.

이와 같은 자기 인식을 하게 되면 스스로에게 매몰되지 않는다. 매사에 자신에게 문제가 있거나 자신이 모를 수도 있다는 전제를 가지고 접근하기에 제멋대로 하는 우를 범하지 않을 수 있다. 위험에 빠지는 경우는 물론, 불필요한 오해나 내적 혹은 외적인 갈등도 줄어든다. 아울러 스스로가 언제 어디에서 무엇을 어떻게 해야 하는지 등과 같은 출발점을 알 수도 있다.

그래서 자기 인식을 잘 하는 편에 속한다면 스스로의 삶은 물론, 주변 사람들과의 관계도 원활하게 이루어진다. 업무적인 측면에서도 도움이 된다.

반면 자기인식을 잘 하지 못하는 경우라면 서서히 주변 사람들로부터의 거리 두기가 시작된다. 잘못된 점이나 개선하면 좋은 점에 대해 이야기하는 것이 아니라 무관심이나 방치하는 쪽으로 반응하는 것이다. 이렇게 되면 마치 동화 속 벌거벗은 임금님과 같아질 수도 있다.

그렇다면 자기 인식은 어떻게 하면 될까? 이미 잘 알려진 진단도구나 검사지를 활용해 보는 것은 자기인식을 위한 하나의 방법이다. 반드시 전문기관을 찾아야만 할 수 있는 것은 아니다. 스스로에 대해 알고자 하는 의지만 있다면 얼마든지 시도해 볼 수 있다.

자신을 잘 알고 있다고 생각되는 지인의 도움을 받는 것도 방법이다. 그동안 미처 생각지도 못한 자신을 발견하게 될 수도 있다. 조직의 구성원이라면 정기적이나 수시로 하는 평가 결과도 눈여겨볼 필요가 있다. 이 밖에도 자기 인식을 할 수 있는 방법은 다양하다.

이때 간과하지 말아야 하는 것이 있다. 그것은 자신에게 해당된다고 여겨지는 특정한 역량이나 상황에 대한 대처 등에 있어 스스로가 평가한 수준과 타인이 평가한 수준 간 차이(gap)다. 만일 별반 차이가 없다면 자기인식을 잘 하고 있다고 여겨도 좋지만 차이가 나타난다면 하루속히 스스로를 되돌아봐야 한다.

이와 함께 자기 인식에만 그쳐서는 안 된다. 자기 인식을 하고 나면 후속 조치가 필요하다. 즉 말과 행동의 변화가 수반되어야 한다. 자기 인식을 하는 이유는 '내가 이런 사람이구나' 정도를 알기 위함이 아니다. 자기인식은 내가 이런 사람이니 멈춰야 하는 것(stop doing), 유지해야 하는 것(continue doing) 그리고 새로 시작하거나 개선해야 하는 것(start doing)은 무엇인지에 대해 인식하고 실행에 옮기기 위함이다.

이런 측면에서 볼 때 조직의 리더라면 자기인식은 그 어떤 것보다 선행되어야 한다. 스스로에 대해서도 인식하지 못하는 리더를 따를 이들은 많지 않기 때문이다.

18.
당신에게 리메이크(remake)와
리터치(retouch)는 필요하십니까?

개선 / 2015. 11. 25. / 리메이크가 필요하다고 생각한 그림을 보면서 촬영

 발매 당시에는 주목받지 못했던 노래가 오랜 시간이 흐른 뒤 역주행 하는 경우를 종종 접하게 된다. 멜로디가 변형되거나 가사가 바뀐 것 도 아니다. 눈에 띄는 차이가 있다면 부르는 가수만 달라진 것이다. 분 명히 같은 노래임에도 불구하고 느낌이 다르다. 비단 노래만이 아니 다. 영화나 드라마 혹은 책의 경우에서도 이와 같은 경우를 볼 수 있다.

리메이크(remake)의 효과다.

리메이크는 예전의 영화나 노래 등을 다시 만드는 것을 의미한다. 대개는 원작자, 감독 혹은 배우나 원곡 가수 등에게 경의를 표하고자 하는 의도를 가지고 있다. 물론 원작이나 원곡이 유명한 경우에 리메이크가 이루어지기도 한다. 그래서 리메이크는 원작의 원형은 보존하지만 그 외의 것은 모두 수정되거나 대체하는 것을 말한다.

한편 리메이크보다는 상대적으로 수정의 폭이 많지 않은 리터치(retouch)라는 것도 있다. 리터치는 일반적으로 그림이나 사진 등을 수정하는 것이다. 리메이크가 원작이나 원곡의 전체를 다시 만들거나 주체가 바뀌는 것이라면 리터치는 대상이나 주체가 바뀌지 않을뿐더러 약간의 수정만 이루어지는 것이 일반적이다. 전문가의 손길이 닿는 경우라면 보다 효과적이기도 하다.

분명한 것은 어떤 대상이 되었든지 간에 리메이크나 리터치가 되는 순간 달라진다는 것이다. 일종의 변화다. 물론 어떻게 다시 만들고 수정하느냐에 따라 결과는 달라진다. 리메이크나 리터치가 잘 이루어지면 원작이나 원곡의 명성이나 인기를 뛰어넘기도 하고 예전에 주목받지 못했던 작품이나 인물들이 소환되기도 한다. 조금 더 나아가면 이와 연계된 사람들이나 내용들까지 줄줄이 빛을 보게 되는 경우도 있다.

일반적으로 이와 같은 리메이크나 리터치는 예술 분야에서 많이 접하게 된다. 하지만 스스로에게도 적용해 볼 만하다.

개인에게 있어 리메이크는 일종의 자기 혁신이라고 할 수 있다. 그동안의 삶 전체를 반추해 보는 것이 우선이다. 그리고 스스로를 다시 만든다는 측면에서 무엇을 강화하고 무엇을 축소시키거나 빼내야 할지를 결정해야 한다. 이는 곧 자기 성찰(self-reflection)이기도 하다. 앞으로의 삶에서 어떤 사람들을 만나야 하는지 혹은 어떤 사람들을 피해야 하는지를 생각해 보는 것도 빠져서는 안 된다. 자신의 삶에 있어 일종의 캐스팅(casting)이기 때문이다.

무엇보다 중요한 것은 스스로에 대한 리메이크의 목적을 분명히 하는 것이다. 자신이 리메이크의 주체이고 감독이라는 점도 잊어서는 안 된다. 당연한 말이지만 외부의 영향을 받아 이루어지거나 수동적으로 이루어지는 것은 리메이크라고 말하기 어렵다.

스스로에 대한 리메이크를 할 엄두가 나지 않는다면 리터치를 해 보는 것도 나쁘지 않다. 리메이크에 비해 상대적으로 부담도 덜하다. 다만 리터치를 하는 경우라면 조금 더 섬세해질 필요가 있다. 자칫 잘못 접근하거나 시도했다가는 이질감을 느낄 수 있기 때문이다.

일상에서의 리터치는 자신이 하고 있는 일에서 찾아보는 것이 수월하다. 일종의 개선이라고 할 수 있다. 개선할 수 있는 방법은 주변에서 얼마든지 접할 수 있고 시도해 볼 수 있다. 선배들의 경험이나 각종 교육 그리고 자기 주도적인 학습을 통해서도 가능하다.

처음에는 작은 부분이나 잘 드러나지 않는 부분에 리터치가 이루어지겠지만 이를 반복하고 확장할수록 예전과는 다른 자신의 모습을 발견할 수 있을 것이다.

이제 관심을 갖고 주변을 살펴보자. 곳곳에 리메이크나 리터치된 것들이 많이 보일 것이다. 그리고 그렇게 바뀐 것들은 예전에 비해 훨씬 좋아 보이고 쓰임새도 많아진다. 하지만 스스로에 대한 리메이크나 리터치한 결과와는 비할 바가 안 된다.

2부

Interpersonal

19.
당신은 누구의
데칼코마니(decalcomanie)입니까?

롤모델(role model) / 2012. 10. 11. / 가족과 함께 안동 여행 시 촬영

　종이 위에 물감을 바르고 이것을 반으로 접거나 그 위에 다른 종이를 겹쳐 놓았다가 떼어 내면 좌우 혹은 상하의 모양이 같은 그림이 나온다. 경우에 따라서는 예상하지 못한 다소 신비로운 무늬나 재미있는 모양이 나오기도 한다. 이를 데칼코마니(decalcomanie)라고 하는데 어렸을 적 한 번쯤은 해 봤을 만한 미술 기법이다.

데칼코마니는 겹쳐진 종이가 펼쳐져 전체의 모양이 나왔을 때 완성된다. 결국 종이의 한쪽 면에 그려진 모양이나 칠해진 색상에 따라 전체의 모양이 만들어지는 셈이다. 그래서 데칼코마니의 완성도는 한쪽 면에 달려 있다고 해도 과언이 아니다. 한쪽 면의 모양이나 색깔이 비어 있는 옆면에 그대로 영향을 주기 때문이다.

그런데 이러한 데칼코마니는 비단 미술의 영역에서만 적용되는 것은 아니다. 우리의 일상에서도 데칼코마니와 같이 한쪽의 영향을 받아 결과가 달라지는 경우들은 많기 때문이다.

특히 관계적인 측면에서 보면 더욱 두드러진다. 이를테면 부모와 자녀, 리더와 팔로워, 스승과 제자, 친구 관계 등이다. 이와 같은 관계에서는 반드시 어느 한쪽에 영향을 주거나 받게 되어 있다.

단순하게 생각하면 물이 흐르는 것과 같이 연장자나 상급자가 맞은편에 있는 사람들에게 영향을 줄 것 같지만 반드시 그런 것만은 아니다. 그리고 대부분은 긍정적인 영향을 주고자 하겠지만 간간이 부정적인 영향을 주기도 한다.

따라서 상대방으로부터 자신이 원치 않는 영향을 받고 싶지 않거나 반대로 상대방에게 자신의 영향을 주고 싶다면 먼저 자신의 영역에서 스스로 색상을 선택하고 기대하는 모양을 그려 볼 필요가 있다. 당신이 선택한 색상과 그려 놓은 모양이 다른 사람의 채워지지 않은 영역에 영향을 미치기 때문이다.

따라서 일단 당신이 그림을 그리겠다고 생각했다면 신중해질 필요가 있다. 생각나는 대로 아무렇게나 그려 놓게 되면 당신과 관계된 사람의 색상과 모양은 당신으로 인해 형편없어질 수 있기 때문이다.

이와 같은 우(愚)를 방지하기 위해 사전에 선행되어야 하는 것이 있다. 그것은 당신이 기대하는 상대방의 모습을 떠올려 보는 것이다. 구체적이고 세세하게 떠올려 볼수록 결과에 대한 만족도는 높아진다.

다음으로는 이렇게 떠올려 본 모습을 스스로 구현해 보는 것이다. 당신이 상대방에게 기대하는 말이나 행동 혹은 생각까지 모두가 그 대상에 속한다. 여기까지가 당신이 그려야 할 부분이다. 남은 것은 당신이 그린 그림에 상대방이 포개졌다가 펼쳐져 당신과 함께 아름다운 그림으로 표현되는 것이다. '부모는 자녀의 거울', '팔로워는 리더의 또 다른 이름', '친구를 보면 그 사람을 알 수 있다' 등과 같은 말은 데칼코마니를 관계적으로 표현한 것으로도 볼 수 있다.

이제 스스로에게 물어볼 시간이다. 나는 누구의 데칼코마니이며 어떤 데칼코마니를 만들고자 하는가? 아울러 상대방이 당신의 기대에 미치지 못한다면 당신이 기대하는 상대방의 모습을 당신으로부터 만들어 보는 것은 어떤가?

20.
당신은 어떤 버튼(button)을 먼저 누르십니까?

개방성 / 2020. 1. 5. / 피트니스 센터가 있는 건물 엘리베이터에서 촬영

도대체 얼마나 많은 사람들이 이 닫힘 버튼을 눌렀을까? 그리고 나 역시 얼마나 많은 영역에서 닫힘 버튼을 눌러 왔을까?

엘리베이터에 타자마자 무심코 닫힘 버튼을 눌렀다. 그런데 유독 닫힘 버튼의 색이 열림 버튼에 비해 도색이 많이 벗겨진 것이 눈에 들어

왔다.

이러한 작은 발견을 한 이후에는 엘리베이터를 이용할 때마다 사람들의 손가락이 어떤 버튼을 누르는지에 대해 관찰해 보았다. 실제로 많은 경우에 닫힘 버튼으로 향하는 손가락을 볼 수 있었다. 그리고 심지어는 엘리베이터를 향해 다가오는 사람을 보면서도 닫힘 버튼을 누르는 장면도 있었다. 물론 이런 경우는 흔치 않지만.

바빠서였을까? 아니면 그 사람을 못 봤을까? 그것도 아니라면 일종의 습관일까? 엘리베이터를 이용하는 짧은 순간에 여러 가지 추측을 해 보게 된다.

그런데 닫힘 버튼은 비단 엘리베이터를 이용할 때만 누르는 것은 아닌 듯하다. 사람들과의 관계에서도 우리는 의도적이든 그렇지 않든 열림(open)보다는 닫힘(closed)에 더 많이 치우치는 것 같다. 그리고 서로 의견이 다르다면 닫힘의 속도는 빨라지고 두께는 더 두꺼워지기까지 한다. 더군다나 이해관계까지 얽혀 있는 경우라면 더 그렇다.

사람 간의 관계에서 닫힘 버튼을 누르는 경우와 이유는 다양하다. 가치관의 차이로부터 시작해서 그동안 성장해 온 배경의 차이, 경험의 차이 그리고 능력의 차이 등에 이르기까지 일일이 열거하기조차 어렵다.

물론 닫힘 자체가 문제는 아니다. 그러나 스스로 닫힘의 상태를 만들거나 이와 같은 상태가 계속된다면 의도치 않은 오해가 생기기도 하고 성장을 가로막을 수도 있다.

이를 해결하기 위한 방법은 오히려 간단하다. 소극적인 방법이기는 하지만 일단 닫힘 버튼에 손을 대지 않는 것이다. 애써 상대방에 대한 닫힘 버튼을 먼저 누를 필요는 없다는 것이다. 기다림은 하나의 방법이 될 수 있다.

보다 적극적인 방법을 택하고 싶다면 열림 버튼을 눌러 보는 것도 시도해 볼 만하다. 이른바 개방적 사고(open thinking)와 대화(open communication)를 해 보는 것이다. 이러한 사고와 대화를 하려면 전제 조건이 필요하다. 이른바 차별이 아닌 차이, 틀림이 아닌 다름을 인정하는 것이다. 스스로 이와 같은 준비가 되었다는 것은 듣거나 받아들일 준비가 되었다는 것을 의미한다. 엘리베이터와 마찬가지로 열림 버튼을 누르는 것 역시 선택이기에 마음만 먹는다면 어려운 것은 아니다.

사람에 대해 열린 마음을 갖는 것과 닫힌 마음을 갖는 것 그리고 이를 선택하는 것은 전적으로 자신에게 달려 있다. 그런데 기왕이면 먼저 눌러야 하는 버튼은 열림 버튼이었으면 한다. 엘리베이터에 탄 누군가가 나를 위해 열림 버튼을 누르고 있는 것을 보았을 때를 생각해 보면 왜 열림 버튼이 먼저인지를 알 수 있을 것이다.

21.
당신에게는 기다릴 수 있는 시간이 있습니까?

숙성 / 2020. 1. 8. / 보관 중인 카메라를 청소하면서 촬영

디지털카메라가 보편화되기 전에는 대부분 필름 카메라로 사진을
찍었다. 요즘은 좀처럼 보기 힘들지만 필름 카메라로 사진을 찍기 위
해서는 카메라 본체의 후면을 열어 별도의 필름을 끼워 넣고 한 컷 한
컷 신중하게 찍어야 했다.

물론 지금은 디지털카메라가 보편화되고 스마트폰에 장착된 카메라의 성능이 좋아져서 찍은 사진을 바로 확인할 수 있다. 게다가 마음에 들지 않거나 잘못 찍으면 삭제하고 다시 찍으면 된다.

하지만 필름 카메라를 사용하던 시절에는 그렇지 못했다. 찍은 사진을 바로 확인할 수도 없을뿐더러 촬영을 마친 후에는 사진관에 필름을 맡겨 사진으로 인화되기까지 기다려야 했다.

이와 같은 기다림은 자신이 찍은 사진이 어떻게 나왔을지에 대한 궁금증과 기대를 가져다주는 시간이다. 그리고 또 다른 한편으로는 잘 나오지 않았으면 어떻게 하나 등과 같은 걱정이 공존하는 시간이기도 하다.

짧게는 몇 분 길게는 며칠 동안에 걸쳐 기다림의 시간을 보낸 후 마주하는 사진은 만족도와는 관계없이 쉽게 버리기 어렵다. 한참을 본 후에나 결정하게 된다.

그러나 이제는 기다림이 사라졌다. 어떤 일이 되었건 간에 신속한 반응과 처리가 이루어지고 있어 기다림이라는 것은 부지불식간에 비효율적이나 비생산적 등과 같은 느낌으로 다가오기도 한다.

비단 사진뿐만이 아니다. 주문을 하면 당일에 물건을 받을 수 있고 혹 당일이 어렵다면 적어도 다음날이면 해결된다. 인터넷 검색창에서 검색을 하면 거의 바로 검색한 내용이 화면에 표시된다.

그래서 조금이라도 기다림의 시간이 발생하면 불편함을 느끼게 된다. 약간의 불편함이라도 참을 수 없다면 기기를 바꾸고 주문처를 바꾸고 소프트웨어를 바꾸기도 한다.

그런데 이런 현상은 사람 사이의 관계나 일에서도 마찬가지로 벌어진다. 한마디로 기다려 주지 못하는 것이다. 많은 것이 실시간으로 해결되는 요즘 상황에 비추어 보면 그리 낯설지만도 않다.

그러나 조금 더 생각해 보면 우리에게는 기다림이라는 소중한 시간도 필요하다. 일례로 제안이나 의견을 제시하거나 질문을 던지고 상대방으로부터 답을 기다리는 시간은 스스로 다시 한번 생각할 수 있는 시간이기도 하다. 제대로 된 제안을 하고 의견을 물은 것인지 올바른 질문을 한 것인지에 대해 스스로 성찰해 볼 수 있는 시간이기 때문이다.

또한 기다림의 시간은 보다 성숙해질 수 있는 시간이기도 하다. 성숙해진다는 것은 자신의 입장을 넘어 여러 가지를 고려할 수 있다는 것이다. 그래서 기다림의 시간은 상대방의 입장을 생각해 볼 수 있고 조금

더 나아가 주변 환경이나 여건에 대해서도 숙고해 볼 수 있는 시간이
되기도 한다.

기다림이 사라진 곳에는 신속함과 효율성이 남는다. 그런데 신중함
과 효과성까지 남는 것은 아니다. 이는 기다림이라는 시간이 있어야
남는다.

사람과의 관계나 일에 있어 얼마나 기다림의 시간을 가져 봤는지 생
각해 보자. 상대방의 늦은 반응이나 더딘 의사결정에 불편함을 갖고
있지는 않았는지도 생각해 보자. 혹 기다림의 시간을 참지 못해 상대
방을 다그친 적은 없었는지도 생각해 보자.

기다림은 관계에 있어 여유이고 일에 있어 여백이다. 여유와 여백이
있으면 관계의 폭은 넓어지고 일의 깊이는 깊어진다. 이제는 기다림의
시간에 초조해할 것이 아니라 오히려 이 시간을 마련해 보자.

22.
당신은 어떤 안경(glasses)을 쓰고 있습니까?

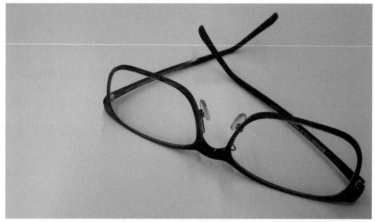

새로운 시각 / 2018. 3. 13. / 시력검사 후 제작한 안경을 촬영

답답함이 사라지고 시야가 확 트였다. 글자와 사물이 선명하게 보인다. 거울로 보니 왠지 분위기도 달라진 것 같다. 그동안 쓰지 않았던 안경을 쓴 후 체감하는 것들이다.

이처럼 안경은 의학적인 측면에서는 물론, 패션에서도 한몫을 하고 있는 것 같다. 주위를 둘러보니 안경을 착용한 사람들도 많다. 그리고 조금 더 살펴보면 같은 디자인의 안경은 찾아보기 힘들기도 하다. 아마 사람마다 시력도 다르니 자신에게 맞는 안경이 다른 사람에게도 맞지 않을 것임은 미루어 짐작이 가능하다. 물론 가격도 천차만별이다. 이는 안경을 물적(物的)으로 접근했을 때의 이야기다.

그런데 물적인 안경만 있는 것은 아니다. 심적(心的)인 안경도 있다. 심적인 안경은 종종 선입견이나 편견 등에 사로잡히게 만들기도 한다. 보이는 것을 보기보다는 보고 싶은 것을 보게 되기 때문이다. 이런 안경은 다른 사람들의 눈에는 보이지 않는다. 스스로도 자신이 이런 안경을 쓰고 있다는 것을 인지하지 못하는 경우도 많다. 그래서 심적인 안경을 잘못 쓰게 되면 오히려 쓰지 않음만 못할 수도 있다.

하지만 다행스러운 것은 심적인 안경이 물적인 안경과 마찬가지로 자신이 선택할 수 있는 안경이라는 것이다. 이는 얼마든지 선입견과 편견에서 빠져나올 수 있는 방법이 있다는 것을 의미한다. 더군다나 심적인 안경은 이루 헤아리기 어려울 정도로 다양하다. 즉 자신이 선택할 수 있는 안경이 많다는 것이다.

예를 들어 숲속에서 새를 볼 때 시인의 안경을 쓰고 볼 수도 있고 다윈의 안경을 쓰고 볼 수도 있다. 쟁반 위에 놓인 사과를 화가의 안경으로 볼 수도 있고 뉴턴의 안경으로도 볼 수 있는 것이다. 에디슨의 안경을 쓰고 축음기를 보는 것과 음악가의 안경을 쓰고 보는 것은 분명 다르게 보인다.

사물뿐만이 아니다. 맹자(孟子)의 안경을 쓰고 사람을 보는 것과 순자(荀子)의 안경을 쓰고 사람을 보는 것은 그 출발점부터가 다르다. 내 앞에 있는 사람은 분명 같은 사람이고 같은 말과 행동을 했음에도 불구하고 스스로가 어떤 안경을 쓰고 보는가에 따라 달리 보이고 다르게 생각하게 된다. 같은 것이라도 다른 관점으로 볼 수 있는 일수사견(一水四見)도 가능해진다.

이와 같은 심적인 안경은 얼마든지 많이 보유할 수 있다. 공간을 차지하지도 않고 비용이 발생하는 것도 아니다. 의지와 실행력만 있으면 수십 개 아니 수백 개라도 가능하다.

이러한 안경들을 보유할 수 있는 방법 중 하나는 독서다. 독서를 하면 수많은 심적인 안경을 보유할 수 있고 필요한 순간마다 언제든지 자유롭게 꺼내 쓸 수 있다. 심지어 다른 사람과 공유할 수도 있다. 자신에게 없었던 안경을 쓰고 바라보면 그동안 보이지 않았던 것도 볼 수 있게 된다. 아는 만큼 보이고 보이는 만큼 할 수 있다.

새로운 관점이 필요하다고 한다. 새로운 관점은 저절로 생기지 않는다. 새로운 안경을 써야 비로소 볼 수 있다. 매번 같은 안경만 쓰고 있었다면 이참에 안경의 종류를 다양하게 구비해 보자. 그리고 그동안 써 왔던 안경을 벗고 새로운 안경으로 다시 바라보자.

23.
당신의 스트레스(stress) 해소 방법은 적절하십니까?

자기 관리 / 2018. 7. 31. / 스트레스 해소차 운동하면서 촬영

하루에도 크고 작은 스트레스를 호소하는 사람들이 많다. 스트레스를 받는 원인도 다양하다. 사람에 의한 관계적인 측면에서의 스트레스도 있고 일과 관련된 스트레스도 있다. 이뿐만이 아니다. 소음 등을 비롯한 환경적 요인에 의해서도 스트레스를 받고 사용하고 있는 각종 기기나 장비로 인한 스트레스도 있다. 사회적인 문제나 이슈 역시 스트

레스의 원인이 되기도 한다.

이러한 스트레스를 방치하게 되면 심적으로나 신체적으로 무리가 따르기도 한다. 심한 경우라면 정기적으로 상담이나 치료를 받아야 하는 상황에 처하기도 한다. 그래서인지 많은 사람들은 저마다의 방법으로 스트레스를 해소하려고 노력한다.

주변 사람들에게 스트레스를 어떻게 해소하는지를 물으면 그 방법 역시 다양하다. 운동으로 해소한다고 하는 사람이 있는가 하면 술을 마시거나 맛있는 음식을 먹으면서 해소한다는 사람도 있다. 영화를 보거나 음악을 듣기도 하고 근교를 산책하거나 일상을 벗어나 여행을 떠난다고도 한다. 정말 저마다의 방법으로 스트레스가 쌓이지 않도록 하거나 쌓인 스트레스를 해소하는 것 같다.

그런데 자신이 제대로 된 방법으로 스트레스를 해소하고 있는지는 확인해 볼 필요가 있다. 스트레스를 해소하기 위한 방법이 오히려 스트레스를 가중시킬 수 있다. 그리고 의도한 것은 아니겠지만 타인에게 스트레스를 줄 수도 있기 때문이다.

자신의 스트레스 해소 방법이 적절한지에 대한 판단은 두 가지 기준에 빗대어 보면 된다.

첫 번째 기준은 자신이 스트레스 해소 방법이 스스로에게 해(害)를 끼치는지에 대한 여부이다. 예를 들어 스트레스를 해소하기 위해 과음이나 폭식을 한다면 이는 자신의 건강에 해를 끼치는 경우라고 할 수 있다. 이는 적절한 스트레스 해소 방법과는 거리가 멀다.

두 번째 기준은 자신의 스트레스 해소 방법이 타인에게 해를 끼치는지에 대한 여부이다. 만일 스트레스를 받는 상황에서 폭언을 한다거나 폭력을 행사한다면 순간적으로 자신의 스트레스는 해소될지언정 상대방에게는 또 다른 스트레스를 주거나 해를 끼칠 수 있다. 이 역시 스트레스를 해소하기에는 적절치 못한 방법이다.

이러한 기준으로 보면 운동이나 명상, 독서 등은 적절한 스트레스 해소 방법의 좋은 예가 될 수 있다. 자신에게 해를 끼치지 않는 것은 물론, 상대방에게도 해를 끼치지 않기 때문이다.

스트레스가 없는 삶을 살거나 일을 하기는 쉽지 않다. 물론 과도한 스트레스는 문제가 되겠지만 적당한 스트레스는 삶에 건강한 긴장감을 주기도 한다. 그래서 스트레스를 없애라고 하기보다는 잘 관리하라고 한다. 다른 것과 마찬가지로 스트레스 역시 잘 관리하기 위해서는 올바른 방법을 알고 이를 적용해야 한다.

이제 그동안 사용했던 자신만의 스트레스 해소 방법을 평가해 보자. 어떤 방법이든지 간에 두 가지의 기준에 모두 부합하지 않는다면 스트레스 해소 방법을 바꿔야 한다. 특히 조직이나 업무에 있어 리더의 역할을 하고 있다면 더욱 그렇다. 당신은 어떻게 스트레스를 해소하는가? 그 방법은 올바른가? 당신이 답해 볼 차례다.

♥ ◯ ◁   🔖

24.
당신은 어떤 마스크를 쓰고 있습니까?

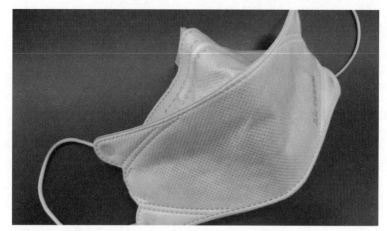

보여 주기 / 2020. 6. 1. / 코로나19 예방 차원에서 마스크 구입 후 촬영

그동안 흔히 볼 수 없었다. 초여름의 길목에서 많은 사람들이 곳곳에서 마스크를 착용한 모습을.

버스, 지하철 등과 같은 대중교통은 물론, 직장, 학교, 길거리 등에 이르기까지 곳곳에서 마스크를 착용한 사람들을 볼 수 있다. 코로나19

때문이다. 그래서 요즘과 같은 상황에서는 마스크를 착용하지 않으면 때때로 불편한 시선을 받기도 한다.

일반적으로 마스크를 쓰게 되는 대표적인 경우는 건강상의 이유다. 코로나19가 발생하기 전을 떠올려 보면 마스크는 보통 겨울철에 쓰는 경우가 많다. 호흡기를 통해 외부의 차가운 공기가 몸속으로 들어오는 것을 막기 위해서다. 물론 기침 등과 같은 감기 증상이 있는 경우에도 착용한다. 그런데 코로나19가 발생함으로 인해 마스크는 부지불식간에 현대인의 필수품이 되었다. 그야말로 마스크 착용이 일상이 된 시대를 살고 있는 것이다.

물론 건강상의 이유 외에도 마스크를 쓰는 경우가 있다. 다양한 이유로 자신의 얼굴을 드러내고 싶지 않을 때다. 몇몇 특수한 상황을 제외한다면 주로 옳지 않은 일을 하는 경우에 마스크를 착용한다. 범죄를 저지르는 경우가 대표적이다.

이렇게 보면 마스크는 어떤 이유에서건 기본적으로 자신의 얼굴을 가리는 데 사용되는 것은 분명하다.

일반적으로 마스크 등을 이용해서 얼굴을 가리는 사람은 그렇지 않은 사람에 비해 심리적으로 편안함을 느끼게 된다. 이와 함께 평소에는 하지 않았던 행동도 스스럼없이 하게 되는 경우도 있다. 자신이 노출되지 않는다고 생각하기 때문이다. 투명 인간이 된 것도 아니고 언젠가는 벗어야 할 마스크로 잠시 가린 것뿐인데도 말이다.

이와 같은 마스크는 사용하는 용도에 따라 종류가 다양하다. 화려하지는 않지만 색상이나 디자인도 다르다. 적어도 눈에 보이고 손에 잡히는 마스크는 그렇다.

그런데 눈에 보이지 않는 심리적 마스크(psychological mask)도 있다. 이는 눈에 보이지 않지만 착용하는 순간 스스로 다른 사람들과 마음속 거리를 두게 만드는 마스크다. 심리적 마스크를 착용하고 있으면 대인 관계에서 오는 스트레스 등으로부터 보호받을 수도 있고 내면의 고요함도 찾을 수 있다. 일종의 순기능이다.

하지만 심리적 마스크가 지닌 순기능보다 역기능이 더 많기에 만일 착용하고자 한다면 신중을 기해야 할 필요가 있다. 조금 과장해서 표현하면 사람들과의 단절을 야기하는 마스크이기 때문이다.

심리적 마스크를 쓰고 있는 상태에서는 상대방의 의견을 무시하거나 반응하지 않게 되고 상대방에 대해 무관심해지기 쉽다. 더군다나 이 마스크는 눈에 보이지 않으니 상대방은 알 길이 없는 경우가 많다.

또한 심리적 마스크를 계속 착용하고 있으면 문제가 해결되기보다는 증폭되거나 악화될 가능성도 크다.

코로나19로 인해 마스크 착용이 일상화되었다고는 하나 여전히 수많은 사람들은 마스크를 벗고 생활할 수 있는 날이 오기를 바란다. 쓰고 있는 마스크를 벗는 경우는 공기가 오염된 지역에서 벗어나 신선한 공기를 마주하게 될 때다. 아울러 자신의 얼굴이 노출되어도 무방하다고 생각될 때도 그렇다. 즉 쓰고 있던 마스크를 벗는다는 것은 스스로가 안전하다고 느끼거나 당당할 때다.

심리적 마스크도 마찬가지다. 지금까지 다양한 이유로 심리적 마스크를 착용했다면 이제 벗어 보자. 심리적 마스크는 자신의 의지에 의해 언제든 벗을 수 있다. 그리고 마스크를 착용한다고 해서 마음까지 가릴 필요는 없다.

25.
당신은 마음을 열 수 있는 열쇠를
가지고 계십니까?

열린 마음 / 2020. 4. 15. / 남산공원에 올라 촬영

남산에 올라가면 꽤나 많은 자물쇠를 볼 수 있다. 일명 사랑의 자물쇠라고 할 수 있다. 연인이나 가족들에 대한 사랑이 빠져나가지 않기를 바라면서 자물쇠로 꼭 잠가 놓은 것이다.

물론 이 자물쇠와 짝을 이루는 열쇠는 보이지 않는다. 미루어 짐작하건대 이곳의 자물쇠를 열 수 있는 열쇠는 영영 찾지 못할 것만 같다.

남산에서 잠그는 것에만 사용되고 폐기된 것으로 여겨지는 열쇠와는 달리 일반적으로 열쇠는 무언가를 열고 닫는 데 사용된다. 그래서 열쇠는 잃어버리면 안 되는 물건이기도 하다. 더군다나 중요한 것을 담아 놓은 곳이라면 그 쓰임새는 더하다.

그런데 손으로 만져지지 않는 열쇠도 있다. 사람의 마음을 열고 닫는 열쇠다. 자신의 마음은 물론, 상대방의 마음도 포함된다.

심리학에서는 스스로에 대해 자신과 상대방의 알고 모름을 두 축으로 만들어 설명한 '조하리의 창(Johari Window)'으로 접근하기도 한다. 이 창은 조셉 러프트(Joseph Luft)와 해리 잉햄(Harry Ingham)이라는 두 심리학자의 이름을 조합해서 명명한 것이다.

총 네 개의 창으로 구분되는 조하리의 창은 나도 알고 상대방도 아는 영역이라고 할 수 있는 열린 창(open)과 나는 알지만 상대방에게는 숨기고 있는 영역인 숨겨진 창(hidden) 그리고 나는 모르지만 상대방은 아는 영역인 보이지 않는 창(blind)과 나도 모르고 상대방도 모르는 미지의 창(unknown)으로 설명된다. 이러한 네 개의 창은 어느 한쪽이 넓어지면 다른 창들은 좁아지게 된다.

개인이 지닌 각 창의 크기는 대인 관계나 갈등 관리에 영향을 미치게 되는데 대개는 열린 창, 즉 자신에 대해 나도 알고 상대방도 아는 창이 크면 클수록 긍정적인 결과를 가져오게 된다.

열린 창을 통해 상대방에게 자신을 보여 줄 수 있는 것은 이름이나 소속, 직책 등과 같이 표면적인 것도 있지만 자신이 어떤 생각을 하고 있는지 어떤 감정이 드는지 등과 같은 내면적인 것도 있다.

짐작했겠지만 열린 창의 크기는 내면적인 것에 더 영향을 받는다. 그리고 이와 같은 열린 창의 크기를 넓히고자 한다면 스스로의 마음을 열 수 있는 열쇠가 필요하다.

마음을 여는 것은 하나의 열쇠만으로는 해결되지 않는다. 개인의 마음속에는 여러 개의 방과 서랍 그리고 상자들이 있기 때문이다. 당연히 열쇠 역시 여러 개가 필요하다. 그 열쇠들의 이름은 솔직함, 정직함, 수용성, 진정성, 용기 등이다.

이러한 열쇠들은 자신이 이미 가지고 있기도 하지만 잃어버렸거나 훼손되어 더 이상 사용할 수 없는 열쇠들도 있다. 또한 가지고 있더라도 어떤 것을 열 수 있는지를 알 수 없는 열쇠도 있다.

따라서 자신의 창의 크기를 넓히고자 한다면 가지고 있는 열쇠들을 하나하나 사용해 봐야 한다. 만일 가지고 있다고 생각되는 열쇠로 나의 마음과 생각이 잘 열리지 않는다면 새로 만들어야 한다.

그러나 마음을 여는 열쇠는 쉽게 만들어지지는 않는다. 비용이 드는 것은 아니지만 시간은 소요된다. 전문가가 만들어 줄 수도 없다. 오로지 스스로가 만들어야 한다.

표현하는 것부터가 열쇠 만들기의 시작이다. 고백이 될 수도 있고 인정이 될 수도 있다. 스스로 마음을 열고 닫는 것은 거의 전적으로 자신의 선택이지만 상대방의 마음이 먼저 열리기를 기다리는 것보다는 자신의 마음을 열어 보기를 권한다. 그 과정에서 신뢰도 쌓이고 관계도 좋아지게 된다.

26.
당신이 준비한 선물에는
감동까지 포함되어 있습니까?

감동 / 2021. 5. 21. / 지도 교수님께서 보내 주신 선물을 받고 화면 캡쳐

'OO 님이 선물과 메시지를 보냈습니다.'

휴대폰 알림이 울렸다. 간단하지만 진심이 느껴지는 메시지와 함께 기프티콘(gifticon)이 보였다. 그야말로 예상치 못한 선물이었고 기분이 좋았던 것은 숨길 수 없는 사실이다.

선물은 주로 생일이나 명절 등은 물론, 각종 기념일에 주고받는 경우가 많다. 이런 날을 맞이하게 된 당사자는 가족이나 친구 등으로부터 자그마한 선물이라도 받을 것이라는 기대를 하게 된다. 경우에 따라서는 선물을 받는 것이 당연하다는 생각이 들 수도 있다. 그래서인지 몰라도 작은 선물이라도 받지 못하면 아쉬움이 남기도 하고 서운한 감이 들기도 한다.

한편 선물을 받았더라도 상황에 따라 느낌은 달라진다. 대체적으로는 예상치 못한 사람, 시간, 장소, 내용, 방법 그리고 미처 생각하지 못했던 이유에 의한 선물을 받았을 때 감동하게 된다.

즉 기억에 남는 선물, 버릴 수 없는 선물 또는 감동적인 선물들은 하나같이 '예상치 못함'이라는 공통점이 있다. 이는 당신이 받았던 선물과 함께 당시의 상황을 떠올려 보면 쉽게 알 수 있다. 물론 그 선물이 반드시 물건이어야만 하는 것은 아니다. 이벤트일 수도 있고 말이나 글 또는 행동일 수도 있다.

중요한 점은 '예상치 못함'이다. 이는 어디까지나 선물을 받는 사람의 입장에서의 생각이다. 그래서 거꾸로 말하면 선물을 주는 사람은 이미 받는 이가 예상치 못할 것이라는 예상을 하고 준비했다는 의미이기도 하다.

따라서 선물을 받는 사람이 예상치 못한 이른바 감동적인 선물을 받으려면 선물을 준비하는 사람이 예상을 하고 준비해야 한다.

선물을 준비하는 입장에서 이러한 예상이 적중하려면 상대방에 대한 관심과 생각이 있어야 한다. 그 사람이 무엇을 좋아하는지, 무엇을 필요로 하는지 혹은 무엇이 있으면 좋을지 등에 대한 생각이다. 역으로 그 사람이 싫어하는 것이나 필요하지 않은 것 등과 같이 반대로 생각해 봐도 좋다.

이처럼 상대방에 대해 생각하게 되면 자연스럽게 선물을 주는 입장보다는 받는 사람의 입장에서 준비하게 된다. 그리고 자신이 주고 싶은 선물을 선택하기보다는 상대방이 받고 싶어 할 선물을 선택하게 된다.

앞서 언급했던 선물을 주는 사람을 일상으로 범위를 좁혀 당신이라고 생각해 보자. 이와 함께 선물에 대한 개념과 범위를 달리해 보자. 그러면 특별한 날이 아니라 매일매일 얼마든지 선물을 준비하고 선사할 수도 있다.

일례로 당신과 함께 일하는 사람들은 질책보다는 칭찬을 받고 싶고 단점보다는 장점을 알아주기를 바란다. 방치되기보다는 관심받기를 원하며 감정에 휘둘리기보다는 감동받기를 원한다. '당신 때문에'보다는 '당신 덕분에'라는 말을 듣기 원하고 '내 생각에는'이라면서 말을 꺼내기보다 '당신 생각은'이라고 묻기를 바란다.

이처럼 당신과 함께 있는 사람들이 원하고 바라는 점이 무엇인지를 찾아내고 이를 예상치 못한 시간, 장소, 방법에 의해 전할 수 있다면 그것만으로도 그들에게는 오래도록 기억에 남는 감동적인 선물이 되기에 부족함이 없을 것이다.

이제 남은 것은 미처 예상치 못하고 있는 그들에게 줄 선물을 준비하는 것이다. 감동까지 포함된 선물 말이다. 어떤가? 누군가를 위한 선물을 준비한다는 것만으로도 가슴이 설레지 않는가?

27.
당신은 어떤 선(線)을 그어 놓으셨습니까?

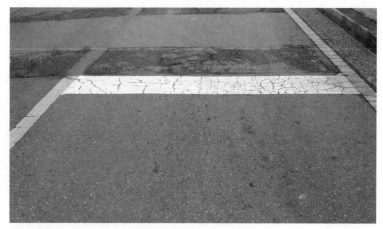

절제 / 2021. 1. 3. / 집 앞 도로에서 촬영

운전하면서 정지선을 지키는 것은 굳이 언급할 필요조차 없을 정도로 당연한 운전자의 행위다.

그러나 우리는 정지선을 지키지 않아 발생한 사고를 접하게 되는 경우가 있다.

선을 지키지 않거나 선을 넘어서 문제가 발생하는 사례는 비단 도로 위뿐만이 아니다.

일상에서 누군가와 다툼을 한 경우 상대방이 선을 넘었기 때문이라는 말을 하기도 하고 언성이 높아질 것 같을 때 상대방에게 선을 넘지 말라는 경고를 하기도 한다.

그런데 도로 위에 그려진 정지선과는 달리 일상에서의 선은 보이지 않는다.

그래서 본의 아니게 상대방이 그어 놓은 선을 넘는 경우도 있다.

그나마 다행스러운 점은 사람들이 많은 선들을 그어 놓았지만 상당 부분은 중복되어 있고 대부분 그어진 선들을 인지하고 있다는 것이다.

중복된 선들은 대개 일상의 경험이나 각종 교육 등을 통해 알게 된다. 윤리나 법, 규칙 등이 그렇다. 그리고 중복된 선들을 눈에 보이지 않더라도 이미 삶에서 각인되어 있을 정도로 명확해서 주변 사람들 대부분은 이 선을 지킨다.

그러나 개인이 그어 놓은 선은 조금 다르다. 더군다나 개인의 성향이나 배경, 경험 등에 따라 천차만별이다. 그래서 이 사람과는 문제가 없었지만 저 사람과는 문제가 될 수도 있다.

그렇다면 이러한 선들은 어떻게 확인하고 지킬 수 있을까?

일단 조심스럽게 접근해 보는 것이 좋다. 이는 그동안 해 왔던 자신의 익숙한 언행에서 벗어나야 가능하다. 자신의 스타일을 고집하거나 내세울 것이 아니라 관찰하고 경청해 볼 필요가 있다.

다음으로는 관심과 주의를 기울이는 것이다. 사람들은 자신이 그어 놓은 선들을 다른 사람들이 알아채 주기를 기대한다. 그래서 굳이 말하지 않아도 그 선들을 피해 가거나 지키는 사람들을 보고 센스가 있다고도 한다.

그런데 그 센스라는 것이 저절로 생길 리가 만무하다. 주변 사람들에 대한 관심이 있어야 생긴다.

선이라는 것은 일종의 기준이고 약속인데 이를 무시한다면 크고 작은 문제가 생기는 것은 불을 보듯 뻔하다.

아주 오래전 기억이지만 학창 시절 같은 책상을 쓰는 친구가 책상에

선을 긋고 물건이 넘어오면 자신이 갖겠다고 한 적이 있다.

지금 생각해 보면 유치하기가 이루 말할 수 없다. 하지만 그 당시에는 서로가 그 선을 넘지 않으려고 꽤나 신경을 썼던 것 같다. 서로의 영역이 있다는 것을 인정했기 때문이다.

이제 더 이상 책상 중앙에 선명하게 보이도록 그어진 선은 없다. 대신 지켜야 할 선과 넘지 말아야 할 보이지 않는 선들은 더 많이 생겼다. 그리고 선을 넘지 않는 센스가 그 어느 때보다 더 필요한 시점이 되었다.

28.
당신은 듣습니까 아니면 듣는 척합니까?

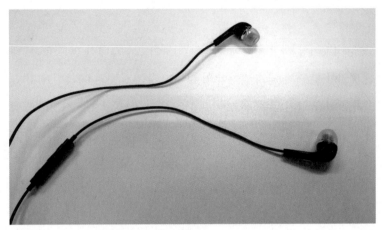

경청 / 2021. 1. 22. / 화상회의에 참석하기 전 촬영

거리를 지나다니거나 대중교통을 이용해 보면 이어폰을 착용한 사람들을 꽤 많이 볼 수 있다. 음악을 듣는 경우도 있고 통화를 하는 경우도 있다. 그렇지만 이어폰을 착용한 사람들 모두가 무언가를 듣고 있는 것만은 아니다.

이어폰을 착용한 것은 역설적으로 '나는 듣고 싶지 않다'라는 무언의 메시지를 보내는 행위이기도 하다. 실제로 아무것도 흘러나오지 않는 이어폰을 착용하고 있는 이들도 많다.

이는 비단 거리에서만 볼 수 있는 광경은 아니다. 집이나 학교 그리고 직장에서도 어렵지 않게 볼 수 있다. 즉 우리는 마음만 먹으면 얼마든지 귀를 닫을 수 있다.

귀를 닫는다는 것은 '듣지 않겠다' 혹은 '소통하지 않겠다'는 의미이기도 하다. 그런데 이처럼 드러나는 행위나 표현은 그리 큰 문제가 되지는 않는다. 서로가 알기 때문이다.

문제는 보이지 않는 이어폰을 착용했을 때다. 이를 심리적 귀마개 (psychological earplug)로 명명해 볼 수 있다. 겉으로는 듣는 것처럼 보이지만 실제로는 듣지 않는 것이다. 이른바 듣는 척을 하는 경우다. 이러한 심리적 귀마개를 착용한 상태에서의 소통은 그야말로 형식적이고 소모적이다.

상대방과의 소통의 질을 높이기 위해서는 스스로 이와 같은 심리적 귀마개를 한시라도 빨리 빼야 한다.

심리적 귀마개를 빼는 방법 중 하나는 백 트레킹(back tracking)이다. 이는 상대방이 한 말을 그대로 다시 말하는 것이다. 예를 들면 상대방이 "저는 A라고 생각합니다."라고 말했다면 "A라는 말씀이시죠?"와 같은 표현을 하는 것이다.

백 트레킹은 상대방으로 하여금 말하는 것에 대한 불안감을 해소시켜 주고 대화 시 심리적 안정감을 제공해 주는 효과가 있다.

다음으로는 상대방의 말을 다르게 표현하는 것이다. 이른바 패러프레이징(paraphrasing)이다. 이는 상대방의 말을 잘 듣고 다른 말로 바꿔서 이야기하는 것을 의미한다.

상대방이 말한 내용을 유사한 의미로 재해석해서 말해 주거나 관련된 예를 들어 주는 것을 비롯해서 만일 상대방이 장황하게 말했다면 핵심을 추려 간략하게 다시 이야기해 주는 것이기도 하다. 또한 의미는 같지만 다르게 표현하는 것도 패러프레이징을 하는 방법이다.

이와 같은 패러프레이징은 상대방의 이야기를 정확하게 이해하고 그 이야기에 공감한다는 표현이기도 하다.

앞서 설명한 백 트레킹과 패러프레이징을 하고자 한다면 무엇보다 상대방이 하는 말을 경청해야 한다. 이는 다시 말해 심리적 귀마개를 빼야만 할 수 있는 것이다.

그동안 귀에 딱지가 앉도록 말하거나 들었음에도 불구하고 제대로 소통되지 못했던 내용들이 있다면 적어도 소통의 주체인 둘 중 하나는 보이지 않는 심리적 귀마개를 착용한 상태였을지도 모른다.

소통은 말하는 것도 중요하지만 듣는 것이 훨씬 더 중요하다. 그리고 들어야 하는 것은 상대방의 입을 통해 나오는 말을 넘어 마음까지도 포함된다.

29.
당신이 펜(pen)으로 적는 사람과
연필(pencil)로 적는 사람은 누구입니까?

기록 / 2021. 5. 26. / 부재중 전화 메모를 쓰면서 촬영

무언가를 기록할 때 펜(pen)을 사용하는 경우가 있다. 예를 들면 기념일이나 마감일 등이다. 대개는 특별한 상황이나 이변이 발생하지 않는다면 수정할 일이 없거나 변하지 않는 내용들이다. 물론 지워지거나 희미해지면 안 되는 내용도 포함된다. 그래서 펜으로 적는 내용들은 비교적 분명하고 서로가 잘 볼 수 있도록 드러나 있다는 특징을 지니고

있기도 하다.

반면 연필(pencil)로 적는 내용들이 있다. 이는 펜으로 적는 내용과 달리 가변적이고 유동적이다. 여러 가지 사정이나 상황 혹은 진행과정에서 변경의 여지가 있는 내용들이기도 하다. 누군가와의 약속이나 글의 초안 혹은 결과물을 만들어 가는 과정에서의 의견 등이 해당된다.

일상에서 무언가를 기록하는 일에 국한한다면 펜과 연필 중 어떤 것을 사용할지는 크게 고려할 사항은 아니다. 사람마다 선호하는 필기구가 다르고 내용마다 다르기 때문이다. 그리고 실제로는 굳이 고민할 필요도 없다. 그 당시 손에 잡히는 필기구를 이용하면 그만이다.

그러나 적어야 할 내용이 일이 아닌 사람이라면 이야기가 조금 달라진다. 더군다나 사람에 대한 인상이나 감정 혹은 평가 등을 적고자 한다면 펜이 아니라 연필을 사용해야 한다. 혹여나 그 내용이 부정적이라면 더더욱 펜을 사용하는 것은 금물이다.

그 이유는 어떤 사람에 대해 펜을 사용하여 적게 되면 스스로는 물론, 주변 사람들에게도 일종의 낙인 효과(stigma effect)를 불러일으킬 수 있기 때문이다. 낙인 효과란 어떤 사람이 부정적으로 찍히면 의식적 혹은 무의식적으로 그렇게 보려고 하는 것을 말한다.

앞서 살펴본 펜의 특성이 잘 지워지지 않고 자국이 남으며 다른 사람들도 잘 볼 수 있다는 점에서 보면 어떤 사람에 대한 부정적인 인식이나 감정을 펜을 들어 마음속에 남기는 것은 위험하다.

그럼에도 불구하고 만일 이와 같은 내용들을 마음속에 적고자 하거나 부지불식간에 자신의 마음속에 적히고 있다면 펜이 아닌 연필의 성격을 지녀야 한다. 그래야 상대방에 대해 일시적이거나 즉흥적으로 생겨난 부정적인 선입견 또는 편견에서 자유로울 수 있고 잘못된 인식이나 감정을 남기지 않을 수 있기 때문이다.

반면 펜의 속성을 지닌 상태에서 적어야 하는 것이 있다. 어떤 사람에 대한 부정적인 내용이 아니라 긍정적인 내용들이다. 장점이나 강점도 포함된다. 더 나아가 무엇보다 펜으로 적어 지워지지 않도록 해야 하는 것이 있다. 그것은 크든 작든 그 사람에게 도움을 받은 내용이고 감사해야 할 내용이다. 그 사람으로 인해 스스로 조금이라도 성장했다면 그것 역시 펜을 들어 자신의 마음속에 남겨야 한다.

옛말에 원수는 물에 새기고 은혜는 돌에 새기라고 했다. 그런데 가만히 생각해 보면 거꾸로 새기는 경우를 상대적으로 더 많이 접하게 된다. 자신에게 피해를 입혔거나 손해를 가져다준 사람 혹은 자신이 싫어하는 사람들을 머릿속과 마음속에 각인하는 것이다. 물론 그 사람들은 여지없이 뒷담화의 소재로 소환된다.

한편 두고두고 기억해야 할 사람들은 이야기의 자리에 초대받지 못하는 경우가 많다. 마음속에 펜으로 새겨져 있지 않기 때문일 수도 있다. 이제는 뒷담화의 자리에 그들을 초대해 보자. 그리고 '그 사람 때문에'라고 시작하는 것이 아니라 '그 사람 덕분에'로 시작하는 이야기를 해 보자. 자주 생각하고 표현할수록 마음속에 각인될 것이다.

돌이켜보면 지금까지의 삶에서 감사를 전해야 할 분들이 많을 것이다. 이번 기회에 나의 마음속에 꾹꾹 눌러 새겨 놓아야 할 사람들을 떠올려 보고 더 늦기 전에 표현을 해 보면 좋을 듯싶다.

30.
당신은 어떻게 불립니까?

애칭 / 2016. 7. 2. / 1997년 태풍전망대에서 촬영한 사진 스캔

지금까지도 필자를 "김 중아"라고 부르는 사람이 있다. 지금으로부터 24년 전 육군 중위였던 필자와 함께 근무했던 친한 선배다. 시간이 흘러 계급이 바뀌고 전역 후 사회로 나와 직책이나 직급 등이 바뀐 지금도 그 선배는 여전히 이 호칭을 쓰고 있다. '김 중아'는 '김 중위'를 뜻하는 일종의 애칭(pet name)이다.

잘 알고 있는 바와 같이 애칭은 상대방을 친근하고 다정하게 부를 때 쓰는 이름이다. 서로 애칭을 쓰는 사람들은 친밀함을 넘어 서로에 대해 잘 알고 있다. 수용성도 높다. 그래서 애칭으로 부르는 사람들 간에는 가벼운 이야기는 물론, 어렵거나 자칫 부담스러울 수도 있는 내용도 상대적으로 편안하게 주고받을 수 있다. 애칭이 주로 연인이나 부부, 가족 혹은 친한 친구 등의 관계에서 사용되고 있다는 점을 보면 알 수 있다.

그런데 이와 같은 애칭은 비단 사람들 사이에서만 사용되는 것은 아니다. 꽤 오래전부터 애칭은 사물이나 서비스 심지어는 조직에도 사용되기 시작했다. 물론 이렇게 애칭을 사용하거나 듣게 되려면 해당 제품의 사용자나 소속된 구성원들의 관심과 애정이 있어야 한다.

사람이나 사물에 붙여진 애칭은 여러 가지 장점이 있다. 일단 기억에 오래 남는다. 학창 시절 친구의 이름은 잘 떠오르지 않지만 당시의 별명이나 애칭은 떠오르는 것을 보면 알 수 있다. 제품 명도 마찬가지다. 공식 명칭은 잘 모르거나 기억나지 않더라도 애칭은 그렇지 않다.

다음으로 애칭을 사용하면 친근감이 배가 된다. 애칭을 사용하는 사람 사이에는 보이지는 않지만 강한 연결 고리가 있다. 끈끈한 정(情)으로 표현할 수도 있다. 비즈니스 측면에서 보면 어떤 제품이나 서비스에 대한 고객의 충성도(loyalty)로도 표현된다. 미국 벤틀리 대학의 시소디어(R. Sisodia) 교수 등이 저술한《위대한 기업을 넘어 사랑받는 기업으로》라는 책에서도 이를 확인할 수 있다.

아울러 애칭은 서로에게 심리적 안정감도 줄 수 있다. 공식적인 명칭에 비해 애칭은 부드럽고 편안한 분위기를 만들어 주는 데 일조한다. 이와 같은 분위기 속에서 오가는 대화는 서로의 수용성과 이해도를 높여 줄 뿐만 아니라 공감대를 형성하는 데에도 도움을 준다.

이처럼 서로 간에 애칭을 쓰면 좋은 점이 많지만 쉽게 접근하기에는 어려움이 있다. 일단 애칭은 불러 달라고 해서 불리는 것은 아니다. 누군가에게 애칭으로 불리고 싶다면 그에 상응하는 모습을 보여 줘야 한다. 일시적이고 가식적인 모습은 도움이 되지 않는다. 상대방과 상당 기간의 시간을 함께 보내야 하는 것은 물론, 그 과정에서 동고동락(同苦同樂)해야 한다.

서로 간에 거리낌 등이 없어야 하는 것은 기본이다. 거리낌을 줄일 수 있는 방법 중 하나는 자신의 마음을 먼저 여는 것(open mind)이다. 감추는 것이 많고 계산적으로 생각하거나 행동해서는 거리낌을 줄일 수 없다.

물론 애칭을 사용하지 않는다고 해서 문제가 되는 것은 아니다. 그리고 억지로 사용할 필요도 없다. 애칭을 만들고 그렇게 부르고 싶어도 쉽사리 입 밖으로 나오지 않는 경우도 있다. 개인의 성격이나 성향에 영향을 받기도 하고 주변의 시선이나 문화에 따라서도 해석이 달리 되기 때문이다. 더군다나 상대방이 불쾌감을 느끼거나 느낄 것으로 생각된다면 절대로 하지 말아야 하는 것은 두말할 나위도 없다.

'내 동생'이라는 동요가 있다. '내 동생 곱슬머리 개구쟁이 내 동생, 이름은 하나지만 별명은 서너 개~'라는 가사로 시작한다. 동요 속 내 동생은 상황과 대상에 따라 달리 불린다.

당신은 어떻게 불리고 있는가? 그리고 왜 그렇게 불리고 있는가? 주변 사람들에게 어떻게 불리고 있는지 혹은 어떻게 불리기를 바라는지에 대해 생각해 볼 필요가 있다. 곰곰이 생각해 보는 과정이 자기를 인식하는 과정이고 성찰의 과정이 될 수 있다. 물론 변화의 발판이 되기도 한다.

31.
당신은 무엇에 감사(gratitude)하고 계십니까?

2019년 감사메모
유형: 한컴오피스 한글 문서

2020년 감사메모
유형: 한컴오피스 한글 문서

2021년 감사메모
유형: 한컴오피스 한글 문서

감사메모 / 2021. 6. 20. / 파일을 정리하면서 화면 캡쳐

이제는 습관이 되어 버린 일상에서의 행위가 있다. 바로 감사 메모를 쓰는 것이다. 많이 쓰지도 않는다. 하루에 딱 다섯 가지다.

감사 일기를 쓰고 있다는 지인의 이야기를 듣고 '한번 해 볼까?'라는 마음으로 시작했는데 벌써 2년이 조금 넘었다. 계산을 해 보니 감사 메

모를 쓰기 시작한 지 764일이 되었다. 그동안 썼던 감사함의 개수는 지금까지 총 3,820개다.

물론 필자 개인의 자료이기는 하나 '감사'라는 단일 주제와 관련해서 4,000여 개 가까이 되는 자료는 단기간에 수집되기 어렵기도 하고 그동안 무엇에 감사하며 살았는지에 대한 궁금증도 생겼다. 그래서 그동안의 메모를 펼쳐 놓고 살펴보기로 했다.

결론부터 말하자면 일상에 감사하며 살아왔다. 값비싼 선물을 받은 것에 대한 감사함도 있었지만 대부분은 커피 한 잔 정도에 감사함을 느끼고 살아왔다. 유명인을 만날 수 있었다는 것에 대한 감사함도 있었지만 가족과 친구 그리고 동료들과 함께 지낼 수 있다는 것에 대한 감사함이 훨씬 더 많았다. 원하는 것을 얻게 되었을 때에도 감사했지만 지금 가지고 있는 것에 대한 감사를 넘어서지 못했다.

이와 같은 내용들을 하나씩 확인하고 나니 무엇에 감사하는지가 보였다. 먼저 개인적인 측면에서 보면 할 수 있는 것, 주어진 것, 가지고 있는 것에 대해 감사했다.

할 수 있다는 것은 기능적인 측면도 있지만 선택이나 결정 등도 포함된다. 주어진 것은 별다른 노력 없이 생긴 것도 있지만 노력으로 인한 것이기도 했다. 가지고 있는 것 역시 물질적인 것뿐만 아니라 생각이나 감정 등 심리적인 측면에서도 발견된다.

다음으로 관계적인 측면에서 보면 주변에 있는 사람은 물론, 도움을 주고받을 수 있었던 사람에 대해서도 감사했다.

돌이켜 봐도 그렇고 지금도 그렇지만 주변에 있는 사람들과 대화하고 식사하고 차 한 잔을 마실 수 있다는 것은 감사해야 할 일이 분명하다. 스스로 할 수 없는 일이거나 미처 생각하지 못했던 일에 대해 도움을 주고받은 사람들 역시 감사의 대상임에는 틀림이 없다.

아울러 환경적인 측면에서도 감사했다. 개인차가 있을 수 있지만 같은 상황일지라도 긍정적으로 보면 감사할 일은 많다. '컵에 물이 반이나 채워져 있네.' 정도의 감사가 아니라 그 컵이 있다는 것 자체에 감사함을 느껴볼 일이다.

이와 같은 감사의 효과(gratitude effect)는 심리학에서도 발견된다. 잘 알려진 실험 중 하나는 미국 캘리포니아 대학 심리학과 교수인 에몬스와 마이클(Emmons, Robert A; McCullough, Michael E.)의 '일상 속에서의 행복(An experimental investigation of gratitude and subjective well-being in daily life)'이다.

이들은 실험집단에 속한 참가자들을 대상으로 감사 일기를 쓰도록 했는데 감사 일기를 쓰지 않거나 일반적인 일기를 썼던 통제 집단과 비교했을 때 감사 일기를 쓴 참가자들은 감정으로나 대인관계로나 좋은 효과가 나타났다.

그런데 이러한 효과는 학문적인 연구나 실험 결과를 통해서만 알 수 있는 것은 아니다. 실제로는 그리 어렵지 않게 일상에서 얼마든지 확인할 수 있다.

"감사하는 마음은 행복으로 가는 문을 열어 준다." 금융인이자 기업인이었던 존 템플턴(John Templeton)의 말이다. 필자의 지난 경험 외에도 많은 이들이 이 말에 공감할 것이다. 그리고 더 많은 이들이 행복으로 가는 문을 열어 보기를 바란다.

32.
당신은 어떤 피드백(feedback)을 하십니까?

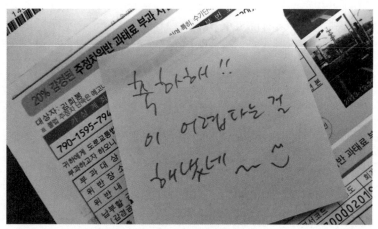

피드백 / 2020. 1. 3. / 책상 위에 올려져 있는 고지서를 보고 촬영

2년여 전 필자의 아내로부터 받은 피드백. 이날 이후 불법 주정차를 하지 않는다.

MZ세대가 기성세대에게 요구하는 것 중 하나는 피드백이다. 보다 정확하게 표현하면 자신에게 도움이 되는 피드백이라고 할 수 있다.

이 말을 뒤집어 생각해 보면 지금까지는 소위 말해 영양가 있는 피드백은 많지 않았던 것 같다. 그도 그럴 것이 피드백이라는 용어로 포장되어 이야기를 주고받는 상황을 돌이켜 보면 개운하지 않은 경우가 많기 때문이다.

이는 일상에서 접했던 피드백이 지적이나 지시 등과 같은 형태를 지니고 있었고 상대방의 마음에 상처를 입히거나 동기를 저하시키는 데 일조를 하는 경우도 종종 있었기 때문이기도 하다.

그리고 피드백을 받는 사람의 입장이 아니라 주는 사람의 입장에서 접근해 왔기에 제대로 된 피드백 혹은 영양가 있는 피드백에 대한 갈증이 생겨나는 것이기도 하다.

제대로 된 피드백이라면 피드백을 받은 사람은 피드백을 준 사람으로 인해 기분이 나빠지기보다는 오히려 기분이 좋아지게 된다. 그리고 자신이 미처 생각하지 못했던 부분에 대해 생각하면서 미래 지향적인 방향으로 접근하게 될 가능성이 커진다. 스스로 동기가 부여되고 하고자 하는 의지 역시 피드백을 받은 이후 생겨나기도 한다.

그렇다면 어떻게 해야 제대로 된 피드백을 줄 수 있을까?

피드백을 주고자 한다면 우선 상대방에 대한 관점이 긍정적이어야 한다.

맥그리거(D. McMgregor)의 표현을 빌리자면 사람을 X론적 관점이 아니라 Y론적 관점으로 보아야 한다는 것이다. 즉 성선설(性善說)의 관점에서 사람을 보아야 제대로 된 피드백을 줄 수 있다. 만일 X론적 관점으로 사람을 보는 경우라면 피드백은 잠시 접어두는 편이 나을 수도 있다.

피드백을 주는 입장에서 상대방이 책임감이 있고 스스로 하고자 하는 마음이 있으며 할 수 있는 잠재력과 능력을 보유하고 있다는 등과 같은 Y론적 관점을 가지고 있다면 이제는 피드백이 필요한 경우를 생각해 봐야 한다.

먼저 하지 말아야 할 것(stop doing)을 알려 주어야 하는 경우다. 이에 대한 기준은 피드백을 주는 사람의 입장이 아니라 피드백을 받는 사람의 입장이다.

그래서 하지 말아야 할 것에 대한 피드백은 피드백을 주는 사람이 보기 싫거나 불편해서 하는 것이 아니라 그와 같은 언행을 했을 경우 피드백을 받는 사람이 피해를 입을 수 있기에 하는 것이다. 무단 횡단을 하려는 아이에게 부모님이나 선생님이 주의를 주는 것을 떠올려 보면 된다.

다음으로는 계속해야 하는 것(continue doing)을 알려 주어야 하는 경우다. 일종의 칭찬이다. 칭찬은 특정한 행동을 반복하게 만들어 주고 강화시켜 주는 효과가 있다.

이런 측면에서 볼 때 계속해야 하는 것에 대한 피드백은 상대방이 가지고 있는 강점이자 장점을 알려 주기 위해 하는 것이다. 실제로 당사자는 그것에 대해 잘 인식하지 못하는 경우가 있다. 그래서 피드백이 필요하며 이와 같은 피드백은 피드백을 받은 사람으로 하여금 자신감과 더불어 할 수 있다는 의지를 이끌어낼 수 있다.

끝으로 새롭게 시작해야 하는 것(start doing)을 알려 주어야 하는 경우다.

하고 있는 일에만 집중하게 되면 시야나 관점이 협소해지기 쉽다. 이때 주의를 환기시켜 주는 것은 물론, 새롭게 접근해 보거나 시도해 봐야 할 것들을 제시해 주거나 적어도 계기를 마련해 준다면 그것이 곧 성장의 발판이 될 수 있다.

새롭게 시작해야 하는 것에 대한 피드백은 매너리즘에서 벗어나는데 도움과 자극을 줄 수 있으며 피드백을 주는 사람의 경험의 질과 양에 따라 예상치도 못한 반전과 스토리를 이끌어 낼 수도 있다.

그래서 피드백을 준다고 한다면 적어도 이 세 가지 경우 중 하나에는 해당되어야 한다.

지금까지 해 왔던 피드백이 있다면 곰곰이 생각해 보자. 혹시 피드백이라는 포장지를 씌워 놓고 화를 내거나 지적만 한 것은 아니었을까? 그리고 그 피드백으로 인해 상대방은 과연 얼마나 도움이 되었을까?

배운 대로 하면 된다는 말은 피드백을 하는 데에도 적용된다.

33.
당신이 남긴 흔적에서 찾아야 하는 것은
무엇입니까?

흔적 / 2021. 8. 11. / 휴대폰 사진폴더를 정리하면서 화면 캡쳐

휴대폰에 저장된 사진들을 보면 당시의 모습과 행동 그리고 느낌 등
이 재소환된다.

사람은 무언가를 남기고 싶어 한다. 일종의 흔적이다. 거슬러 올라가
면 선사시대 암각화부터 시작해서 일기나 SNS 등에 올리는 내용들이

그 예가 될 수 있다.

사진은 대표적인 흔적 중 하나다. 휴대폰에 저장된 사진들을 살펴보면 꽤 다양한 흔적을 남겼다는 것을 알 수 있다. 장소도 있고 음식도 있다. 구입한 물건들이나 소장품도 볼 수 있으며 사람들도 있다. 경우에 따라서는 책의 한 페이지도 있고 디지털카메라가 보급되기 전에 인화되었던 사진을 재촬영한 것도 있다.

이는 사진 속에 있는 피사체가 사람이든 상황이든 물건이든지 간에 오래도록 남기고 싶다는 바람을 나타낸 것이기도 하다. 다르게 표현하면 추억이라고도 할 수 있다. 저장된 사진들을 보면 그동안 무심했거나 잊었던 감정이 되살아나기도 한다. 만일 특정한 시점이나 이벤트를 기념하기 위해 촬영한 사진이라면 초심을 되돌아보게 만들기도 한다.

그리고 이렇게 남겨 놓은 흔적은 주변 사람들에게 보여 주는 경우도 많다. 일종의 자랑거리가 되기도 하고 무언가를 확인시켜 주거나 증명해 주는 매개체가 되기도 한다.

이처럼 일상에서 수도 없이 접하는 사진이지만 사진이 지니고 있는 힘은 생각보다 크다.

일단 사진은 기억을 되살려 준다. 사진은 일종의 이미지다. 이미지는 글이나 말에 비해 사람들의 뇌리에 오래 남겨지며 직관적이라 당시의 기억을 수월하게 회상할 수 있다. 실제로 수십 년 전의 일일지라도 그 사진을 보면 당시의 상황과 분위기 그리고 주고받았던 말이나 행동 등이 떠오른다.

그리고 사진은 상황을 알려준다. 비록 단 한 장의 사진일지라도 사진 속 배경과 표정 그리고 모습을 보면 직접 현장에 있지 않더라도 충분히 그 상황을 미루어 짐작해 볼 수 있다.

이에 더해 사진은 생각하게 만들어 준다. 과거 폴란드를 방문하여 유대인들의 추모비에 무릎을 꿇은 빌리 브란트 수상을 찍은 사진을 보면 진정한 사과와 반성은 무엇이고 어떻게 해야 하는지 생각을 하게 만든다.

사진이 가지고 있는 힘은 이뿐만이 아니다. 스스로를 변화시킬 수도 있다. 직접 실험해 봐도 된다. 먼저 자신의 휴대폰에 저장된 사진들 중 즐거웠던 장면이나 보고 싶은 사람이 포함된 사진을 몇 장 선택해 보면 된다.

다음으로 왜 그 장면이 즐거웠고 왜 그 사람이 보고 싶은지에 대해 생각해 보는 것이다. 아마도 자신에게 의미가 있고 가치가 있는 일이 거나 자신에게 지지와 성원을 보내 준 사람들의 모습과 행동이 포함될 것임은 틀림이 없을 것이다. 물론 이 질문에 대한 답은 스스로 찾을 수 있다.

마지막으로 당신의 모습이 담겨 있는 사진들을 저장해 놓은 사람들을 생각해 보자. 그들은 당신의 어떤 면과 어떤 행동을 기억하고 그리워하기에 저장해 놓았을까?

그리고 지금의 당신은 그들이 기억하고 그리워하는 모습과 행동을 보여 주고 있는가와 그때의 당신과 달라진 것은 아닌지도 생각해 보자.

그들이 당신을 그리워하는 이유와 배경을 생각해 보면 당신이 지금 그리고 앞으로 어떤 모습과 행동을 해야 하는지에 대한 답을 찾을 수 있을 것이다.

34.
당신이 투명 인간이 된다면
무엇을 하시겠습니까?

용기 / 2021. 9. 24. / 코로나19 백신 접종을 마치고 화면 캡쳐

지금으로부터 120여 년 전 영국의 소설가 웰스(H. G. Wells)는 《투명 인간(The invisible man)》이라는 공상 과학 소설을 세상에 내놓았다. 소설 속 주인공은 자신의 모습이 다른 사람의 눈에는 보이지 않는 약을 발명하고 투명 인간이 된다.

물론 현존하는 과학이나 의학 기술로는 이와 같은 투명 인간이 될 수 없다. 하지만 어렸을 때 한 번쯤은 투명 인간이 되어 보고 싶다는 생각을 해 봤을 것이다. 아울러 비록 상상 속이지만 투명 인간이 되어 그동안 갈 수 없었던 공간을 넘나들거나 하지 못했던 행동을 해 본 적도 있을 것이다.

그런데 이러한 투명 인간이 소설이나 상상 속에만 등장하는 것은 아니다. 현실에서 마주하게 되는 투명 인간도 있다. 주변에 있음에도 불구하고 무시하거나 없는 사람으로 치는 경우다. '왕따', '아웃사이더', '깍두기' 등과 같은 은어로 표현되기도 한다. 이와 같은 투명 인간은 잘 알고 있는 바와 같이 부정적인 의미가 강하다.

그런데 언제인가부터 또 다른 성격을 지닌 투명 인간이 등장하기 시작했다. 이른바 COVID-19 백신 접종을 모두 마치고 2주가 지난 접종 완료자들이다.

사회적 거리두기 방침에 따라 각종 모임에서 인원수 제한을 두고 있는데 이들은 인원수에 포함되지 않아 세간에서 투명인간으로 불리는 것이다. 백신 접종률에 따라 이러한 투명 인간은 점점 더 많아질 것이다.

백신 접종으로 인해 투명 인간으로 취급받는 개인은 오늘날 활동의 범위가 상대적으로 더 넓어졌다. 그리고 부정적인 의미보다는 긍정적인 의미가 더 크기도 하다.

이들 역시 조심해야 하는 것은 매한가지지만 그래도 여러 모임에 참석하는 것에 대한 부담은 줄어들었고 초대의 자리에도 비교적 편하게 응할 수 있게 되었다.

이런 상황은 곧 일상으로의 회복을 기대해 볼 수 있는 지표가 될 수도 있다.

그렇다면 투명 인간이 되어 새롭게 맞이하는 일상은 예전과는 달라져야 할 것이다.

달라진 일상의 한편에는 자기 주변에 있는 사람들에 대한 관심이 자리 잡고 있어야 한다.

그동안 의도적이든 의도적이지 않든 여러 핑계를 대며 무관심했거나 무시했던 주변의 누군가가 있다면 지금이 절호의 기회다. 투명 인간의 이점을 살려 먼저 다가가서 관심을 표현하고 대화를 하며 관계를 개선시킬 수 있는 계기를 만들어 볼 필요가 있다.

이와 함께 의미 있는 움직임이 필요하다. 이는 자신이 아닌 타인을 위한 움직임이다.

상대방에 대한 개별적인 배려나 지원 혹은 감사의 표현 등이 예가 될 수 있다. 그동안 하지 못했던 행동이라 쑥스러워 주저하게 된다면 자신이 투명 인간이라는 것을 떠올려 보면 된다. 이것만으로도 자신감과 함께 강력한 실행력을 갖추게 될 수 있다.

비록 어릴 적 상상 속의 투명 인간 그리고 소설 속 투명 인간은 아니지만 너스레를 떨며 투명 인간이라는 호칭을 쓸 수 있게 되었다면 그동안 주변 사람들에게 하지 못했던 말과 머뭇거렸던 행동을 해 보자. 단어가 지니고 있는 힘은 이럴 때 발휘되기도 한다.

35.
당신에게는 진정성이 있습니까?

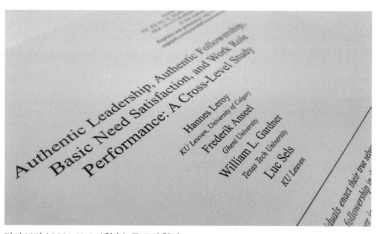

다시 보기 / 2021. 11. 9. / 학술논문 표지 촬영

"그대들에겐 가짜일지 몰라도 나에게는 진짜다."

추창민 감독의 2012년 작품인 〈광해, 왕이 된 남자〉에서 도부장(김인권 분)이 도망치는 하선(이병헌 분)을 뒤따라오는 이들에게 했던 말이다. 그리고 하선의 탈출을 돕기 위해 홀로 싸우다 죽음을 맞이하게 된다.

영화 속 하선은 광해(이병헌 분)의 대역을 했던 인물로 묘사된다. 도 부장은 하선이 진짜 왕을 닮은 가짜였다는 사실을 알게 되었지만 그렇 다고 해서 달라질 것은 없었다. 그의 말처럼 자신에게는 진짜였기 때 문이다.

도부장의 말과 그에 상응하는 행동은 순간적인 감정이나 잘못된 판단에 서 나온 것이 아니다. 이는 그동안 서로가 쌓아 올린 진정성(authenticity)에 서 비롯된 것이다. 이는 하선의 진성 리더십(authentic leadership)과 도 부장의 모범형 팔로워십(exemplary followership)의 기반이기도 하다.

진성 리더십은 리더의 높은 수준의 자아 인식과 내재화된 도덕적 관 점 그리고 균형 잡힌 정보 처리 및 관계적 투명성을 통해 팔로워들의 긍정적인 자기 개발을 촉진시키는 리더의 행동 유형을 의미한다. 영화 속에서 도부장에게 보여 준 하선의 말과 행동은 이를 설명하는 데 무리 가 없다.

이와 함께 영화 속 도부장은 모범형 팔로워십이 발현되는 모습을 잘 투영하고 있다. 모범형 팔로워십은 팔로워의 독립적이고 비판적인 사 고와 능동적인 행동에 기반하여 나타나는 윤리적이고 용기 있는 팔로 워의 행동 유형이라고 할 수 있다.

만일 하선이 잠시 잠깐 주어졌던 왕이라는 직책과 그에 따른 권한에 따라 권위적으로 도부장을 대했다면 절체절명의 순간 도부장의 칼은 하선을 향했을 것이다. 도부장 역시 자신에게 주어진 임무만 수행하는 수준에서 왕을 대했다면 진작에 파직을 면하기 어려웠을 것이다.

그런데 다행히도 그들은 그들에게 주어진 왕과 신하라는 역할을 수행하는 데 필요한 진성 리더십과 모범형 팔로워십을 잘 발휘했다. 그리고 각자 서로에게 지켜 주고 싶은 사람으로 남게 되었다.

비록 영화 속 이야기이기는 하지만 조직에서 기대하는 리더와 팔로워의 모습은 하선과 도부장으로부터 찾아볼 수 있다.

팔로워들의 진심 어린 공감과 함께하고자 하는 의지를 이끌어 내기 위해 필요한 것은 리더의 진정성이다. 잘 알려진 바와 같이 진정성은 자아 성찰과 자기 인식에서 비롯된다. 리더의 비전과 가치 등과 같은 철학도 여기에서부터 시작된다.

팔로워들은 리더가 제시하는 비전과 추구하는 가치가 진짜인지 거짓인지 알고 있다. 단지 직접적으로 표현하지 않을 뿐이다. 그리고 리더에게 진정성이 없다고 판단되면 더 이상 헌신하지 않는다. 모범형 팔로워가 수동형(passive) 팔로워나 순응형(conformists) 팔로워 혹은 소외형(alienated) 팔로워로 바뀌게 되는 것이다.

반면 리더의 진정성을 인식한 팔로워들은 모범형 팔로워로 탈바꿈하게 된다. 그동안 다소 부족함이 있었다면 그 점을 개발하고 보완하게 된다. 내재되어 있던 잠재력도 점차 드러나게 된다. 개인을 넘어 조직을 생각하게 되고 협소한 생각과 시야에서 벗어나 리더와 같은 곳을 바라보게 된다. 리더와 같은 꿈을 꾸게 되며 기꺼이 그 여정을 함께하고자 한다. 이와 같은 사례는 역사와 인물 그리고 특정한 상황 등에서 어렵지 않게 접할 수 있다.

그리고 이러한 과정은 자연스럽게 조직 내 리더십과 팔로워십의 선순환을 가져오게 된다. 진성 리더십을 발휘함으로써 모범형 팔로워십을 이끌어 내고 모범형 팔로워십을 통해 다시 진성 리더십이 발휘되는 흐름이다.

따라서 조직과 구성원들이 필요로 하는 진짜 리더와 진짜 팔로워를 구분하려면 진정성이라는 필터가 있어야 한다. 그 필터가 만능은 아니겠지만 적어도 자신이 이끌어야 할 팔로워와 따라야 할 리더를 구분해 줄 수는 있을 것이다.

3부

Organizational

36.
당신은 무엇을 백업(backup)하십니까?

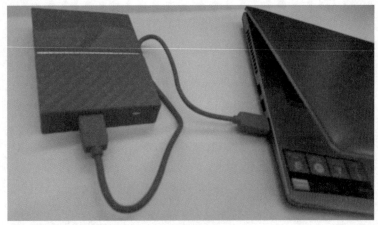

지원 / 2016. 12. 23. / 연말 노트북 파일을 백업하면서 촬영

정기적인 백업은 중요한 자료를 만드는 것 이상으로 중요하다.

발표 시간이 코앞인데 컴퓨터에 있는 파일이 열리지 않는다. 파일이 손상되어 열 수 없다는 메시지가 눈에 들어온다. 잠깐 당황했지만 이 내 해결되었다. 백업(backup)된 별도의 파일이 있었기 때문이다.

이처럼 예상치 못한 사고 등으로 중요한 파일이 손상되거나 분실될 수도 있는 상황을 대비하여 별도의 외장 하드디스크나 클라우드에 미리 원본 자료를 복사해 두는 것을 백업이라고 한다. 만일 필자와 같이 단 한 번이라도 자료를 백업해 놓음으로 인해서 위기를 넘긴 경험이 있다면 그 중요성과 필요성에 대해서는 익히 알고 있을 것이다.

백업은 0과 1로 이루어진 디지털 상황에만 유용한 것은 아니다. 농구, 축구, 야구, 배구 등과 같은 구기 스포츠 경기를 떠올려 보자. 이런 경기에서는 이른바 호수비라고 일컬어지는 장면이 종종 나온다. 예를 들면 A라는 선수가 공을 놓쳤는데 그 뒤나 옆에 있던 같은 팀의 B라는 선수가 이내 그 공을 잡아서 처리하는 장면이다. 이와 같이 어떤 수비자가 볼을 놓쳤을 경우에 대비하여 다른 수비자가 그 뒤에 가서 수비하는 것도 백업이라고 한다.

경기 중에 이런 장면이 나오면 선수들은 물론, 그 경기를 보고 있는 이들도 짜릿한 전율을 느끼게 된다. 더군다나 선수들의 사기가 올라가는 것을 넘어 분위기가 반전되고 경기의 흐름이 바뀌는 경우도 많다. 반면 백업이 안 되는 경우에는 서로에게 아쉬움을 느끼기도 하고 심한 경우에는 책임을 전가하는 등 상황을 더욱 악화시키기도 한다. 그래서 구기 스포츠에서 팀원 간의 백업은 반드시 요구되는 행위다. 그리고 이를 위해 수많은 연습과 훈련이 이루어지기도 한다.

이처럼 백업의 대상은 자료가 되었건 공이 되었건 간에 자신이 하고 있는 일과 관련해서 중요한 것임에 틀림이 없다. 불필요하거나 중요하지 않은 것이라면 굳이 시간과 노력 그리고 경우에 따라서는 비용을 들여 가며 백업하지 않는다.

그런데 이렇게 생각해 보니 한 가지 간과한 것이 있다. 백업의 대상에 사람이 빠져 있다. 자신의 일과 관련해서 중요한 것에 사람이 빠질 수는 없다. 특히 함께 시간을 보내고 같이 일하는 사람들 말이다. 자신의 동료나 후배만이 아니다. 리더도 포함된다.

사람을 백업한다는 것은 그 사람이 현재 처한 상황이나 해결해야 하는 문제에 대해 인식하는 것을 말한다. 또한 언제라도 도움을 청하거나 도움이 필요하다고 생각되면 기꺼이 도움을 줄 수 있는 준비를 하고 있는 것을 의미하기도 한다. 그래서 백업은 능력이다.

사람을 백업하기 위해서는 관심의 영역을 넓혀야 한다. 즉 자신과 관련된 것만이 아니라 조직과 조직이 하고 있는 일에 대한 관심도 가져야 한다. 다른 말로 표현하면 호흡을 맞추는 것이다. 다음으로는 백업을 할 수 있을 만한 내공을 쌓아 나가야 한다. 일상에서 사람에 대한 백업은 컴퓨터나 경기장과 같은 규격화된 장소나 정해진 시간 그리고 규칙 내에서 이루어지지 않기 때문에 수시로 백업이 이루어져야 한다.

이제 주위를 한번 둘러보자. 당신을 백업하고 있는 사람은 누구인가? 당신은 누구를 백업하고 있는가? 없다면 걱정할 일이다.

37.
당신이 비우는 것과 채우는 것은 무엇입니까?

여유 / 2019. 11. 8. / 출장지 호텔 로비에서 촬영

모든 칸이 채워져 있다면 채워진 것에 대해 관심이 가지 않는다. 여백의 미(美)란 이런 것이다.

'마음을 비우라'는 말을 한다. 일반적으로는 무언가를 얻고자 하거나 특정한 지위 등에 오르려는 기대를 가지고 있는 사람에게 하는 말이다. 그런데 말처럼 쉽지 않은 것이 사실이다. 더군다나 가진 것이나 누리는 것이 많은 경우에 처해 있다면 더 어렵다.

비우기 어려운 이유가 몇 가지 있다. 먼저 살아오면서 무언가 계속 채워 나가는 것 그리고 채워야 한다는 것에는 익숙해져 있지만 비우는 연습이나 경험을 해 본 적은 많지 않기 때문이다. 어떻게 비워야 하는지에 대한 방법도 잘 모른다. 학생 시절에는 점수를 채워야 했고 성인이 되어서는 통장 잔고를 채워야 했다. 집 안에는 각종 가구와 가전기기 등을 채워 왔다. 반면 무엇 하나 덜어낸 적은 상대적으로 많지 않다. 쓰지 않더라도 말이다.

다음으로는 무언가 비워진다는 것에 대한 걱정과 두려움이 크기 때문이다. 이는 비워진다는 것을 부족하다는 것과 비슷하게 생각하는 것에 기인한다. 그런데 비움과 부족은 엄연히 다르다. 비움은 자신의 의지에 의해 가능하지만 부족은 그렇지 않다. 비움은 자신이 선택할 수 있지만 부족은 아니다.

아울러 비움으로 인해 얻는 것도 있을 터인데 그런 생각은 들지 않는 것도 비우기가 어려운 이유가 된다. 무엇인가를 비운다는 것은 달리 보면 무엇인가를 채울 준비를 하는 것이고 채울 수 있는 여건을 마련하는 것이다. 결국 무언가를 채우기 위해서는 그만큼 비워야 한다. 비우지 못하면 채울 수도 없다.

그렇다면 비우기 위해서 무엇을 해야 할까? 순서상으로는 이미 자신에게 채워져 있는 것들을 살펴보는 것부터 해 보면 좋을 것이다. 자신의 다이어리에 빼곡하게 채워진 일정을 살펴보는 것은 쉬운 예가 될 수 있다.

다음으로는 채워진 것에 대한 평가를 해 보는 것이다. 마땅히 채워져야 할 것이 채워진 것인지를 확인하고 불필요한 것이 채워지지는 않았는가를 검토해 봐야 한다. 앞서 제시한 일정을 예로 들면 꼭 해야 하는 일이나 꼭 만나야 하는 사람들로 채워졌는지를 검토해 보는 것이다. 이 과정 속에서 별다른 기준 없이 해 왔던 것들이 있다면 과감하게 지워도 된다. 지우지 못한 일이나 사람으로 인해 새로운 것을 채울 수 없기 때문이다. 스스로 비움과 채움의 기준을 세워 보는 것은 필수다.

이런 과정을 통해 비우는 일을 마치고 나면 한동안 비움의 상태를 유지하는 노력을 해야 한다. 비움과 동시에 무언가를 채우려는 조급함에서 벗어나야 한다. 비워진 상태를 있는 그대로 즐기는 과정이 필요한 것이다.

비워진 상태에서는 많은 생각이 떠오른다. 또한 비워진 상태에서는 다양한 시도도 해 볼 수 있다. 한마디로 비워진 상태는 가능성이 많아진 상태라고 할 수 있다. 그리고 기회는 비워진 상태에 있는 사람에게 더 많이 주어진다.

그래서 나는 무엇을 채워 왔고 무엇을 비워 왔는지에 대해 생각해 봐야 한다. 혹 욕심과 같이 채우지 말았어야 할 것을 채워 왔던 것은 아니었는지 그리고 비우지 말았어야 할 것을 비우는 우를 범하지는 않았는지 말이다.

38.
당신이 계단을 올라가는 이유는 무엇입니까?

목표 / 2019. 12. 3. / 출장 중 방문한 카페에서 촬영

계단을 이용해서 3층으로 갔다. 계단을 오르는 것이 건강에 도움이 된다고 생각하니 한 걸음 한 걸음 걸을 때마다 건강해지는 느낌이다.

주변을 돌아보면 곳곳에서 계단을 마주하게 된다. 계단을 오르는 것은 아무래도 평지나 내리막길을 걷는 것에 비하면 힘든 것이 사실이다. 더군다나 계단이 높거나 많다면 숨이 차기도 한다.

그런데 힘든 것에 개의치 않고 오르는 계단이 있다. 그것도 반복적으로 오른다. 예를 들면 미끄럼틀을 타기 위해 오르는 계단이다. 공원에 있는 놀이터에는 어김없이 미끄럼틀이 있는데 많은 아이들은 미끄럼틀을 타기 위해 계단을 오른다.

한 번만 올라가는 것도 아니다. 힘들게 올라가서 찰나의 즐거움을 만끽한 후 또다시 계단을 오른다.

왜 그럴까? 경험이 있겠지만 미끄럼틀을 타면 재미있다. 높을수록 더 재미있다. 미끄럼틀을 타고 내려오는 구간이 더 길기 때문이다. 이와 같은 재미를 느끼려면 더 많은 계단을 올라가야 하는데 미끄럼틀을 타고 내려올 생각을 하면 이 정도는 고민거리도 아니다.

그리고 미끄럼틀을 타는 아이들을 잘 관찰해 보면 처음에는 의자에 바로 앉은 모습으로 내려오지만 다음번에 올라가서 내려올 때는 자세를 바꾸기도 한다. 누워서 내려오기도 하고 엎드려서 내려오기도 한다. 스스로 다양한 시도와 경험을 해 보는 것이다.

계단을 오른다는 어렵고 힘든 과정이 재미를 주거나 새로운 시도나 도전과 연결되어 있으면 더 이상 어렵거나 힘들지 않게 느껴지는 것이다.

이런 느낌은 이러한 비단 미끄럼틀을 오르는 계단에만 국한되지 않는다. 일상에서도 얼마든지 충분히 느낄 수 있다.

그런데 놀이터를 벗어나 일상에서 언급되는 계단은 보통 힘겨운 과정이나 상태 등을 나타내는 것에 비유된다. 예를 들면 아직도 올라가야 할 계단이 많다든지 어딘가로 진입하기 위한 계단이 높다든지 등과 같은 표현에서 찾아볼 수 있다.

이때의 계단은 재미나 도전을 느끼기 위한 과정이 아니라 참고 극복해야 할 대상으로 인식된다. 참고 극복해야 하는 것은 그렇게 큰 문제가 되지 않는다. 참고 극복하면서 올라가야 하는 목적을 모르는 것이 본질적인 문제다.

어떤 계단이든지 그 계단을 올라가야 하는 목적을 알면 계단의 높이나 길이 혹은 올라가야 하는 시간에 영향을 받아 힘들어지는 일은 줄어든다.

목적을 안다는 것은 이른바 사명(mission)을 갖고 있다는 것이기도 하다. 사명이 있는 개인이나 조직은 하고 있는 일에 의미를 가지고 있다. 그리고 더 나은 방향으로 가고자 하는 것에 대해 주저하지 않는다. 아울러 다양한 시도와 도전도 자연스럽게 이루어진다. 비록 이러한 과정이 더 높고 더 긴 계단을 오르는 과정일지라도 말이다.

계단을 올라가야 하는 목적이 명확하면 같은 계단일지라도 발걸음이 가벼워진다. 몇 번이고 오를 수도 있다. 더군다나 자신이나 조직이 오르고자 하는 곳에 다다를 수 있는 새로운 계단도 만들 수 있고 또 다른 계단을 찾아 나설 수도 있다.

그래서 지금 오르고 있는 계단이 있거나 올라가야 할 계단이 있다면 계단을 오르기 전에 왜 이 계단을 올라가고자 하는지에 대해 스스로 생각해 봐야 한다. 조직에 있는 많은 사람들과 함께 올라가야 하는 경우라면 더욱 그렇다.

39.
당신의 역량은 어떻게 관리되고 있습니까?

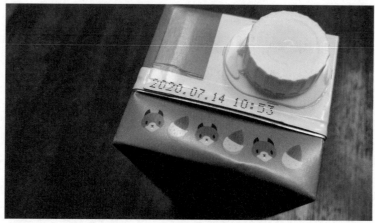

유통기한 / 2020. 3. 3. / 마트에서 구입한 물품을 정리하면서 촬영

우유를 고를 때 살펴보는 것은 유통기한(expiration date)이다. 다른
음식물을 구매하는 경우에도 앞면이나 뒷면에 표기된 유통기한을 보
게 된다. 유통기한이 얼마 남지 않은 상품에는 선뜻 손이 가지 않는다.
유통기한 내에 먹거나 마실 수 없다면 버려지기 때문이다.

유통기한은 상품의 가공 또는 숙성 정도에 따라 기간이 다르다. 상대적으로 가공이나 숙성이 덜 되었다면 유통기한은 짧다. 반면 잘 가공되거나 숙성된 제품이라면 유통기한은 꽤 길다. 우리나라 음식에서 볼 수 있는 각종 장이나 젓갈 등을 떠올려 보면 쉽게 알 수 있다. 와인이나 치즈 등과 같은 서양 음식도 마찬가지다.

눈여겨볼 점은 가공이나 숙성의 목적이 단순히 유통기한만 늘리는 건 아니라는 것이다. 잘 가공되고 숙성된 제품은 그 가치나 효과도 탁월하다.

이러한 유통기한은 음식물에만 적용되는 것은 아니다. 물론 개인별로 차이는 있겠지만 개인에게도 유통기한이 있다. 보다 정확하게 표현하면 개인이 보유한 역량에도 유통기한이 있는 것이다.

예를 들어 특정 역량을 인정하는 자격을 취득했다면 해당 자격은 취득한 시점부터 계속 유효하다. 그렇지만 '상당한 시간이 흐른 후에도 유효한가'의 문제, 즉 '시간이 흘러도 여전히 그 역량을 발휘할 수 있느냐'에 대한 문제는 조금 다르다.

특히 요즘과 같이 하루가 다르게 새로운 지식과 기술이 나타나는 상황이라면 당시 습득한 역량에 대한 실제적인 유통기한은 자신도 모르는 사이에 이미 끝났을 수도 있다.

그리고 이와 같이 개인이 보유한 역량에 대한 유통기한이 끝났음에도 불구하고 이를 인지하지 못하거나 예전의 지식이나 방법에서 빠져나오지 못한다면 이른바 '무늬만 ○○' 등과 같은 표현에서 자유롭지 못하게 된다.

개인이 보유한 역량의 유통기한은 이에 대한 가공과 숙성 여부에 따라 달라진다. 다른 말로 표현하면 보유한 역량을 어떻게 관리하느냐에 따라 계속 유지될 수도 있고 더 이상 통용되지 않을 수도 있다.

실제로 역량을 관리하는 것은 개발하는 것만큼 중요하다. 관리하지 않으면 필요할 때 제 기능을 발휘하기 어렵기도 하고 순식간에 소멸되기도 한다. 일단 습득했으니 별다른 노력 없이도 유지될 것이라는 생각은 착각이다.

역량을 관리하는 방법 중 하나는 끊임없이 학습하는 것이다. 이 과정 속에서 과거에는 통용되었지만 현재는 통용되지 않는 오류를 발견하거나 수정할 수도 있다. 만일 새로운 지식이나 기술이 접목된다면 훨씬 더 큰 영향력을 미칠 수도 있다. 이와 같은 학습은 이전에 습득했거나 보유한 역량을 그야말로 최신화하고 최적화시키는 데 효과적이다.

또 다른 방법으로는 보유하고 있는 역량을 다양한 상황이나 문제를 해결할 때마다 접목시켜 보는 것이다. 이렇게 하면 잊어버리지 않는 것은 물론, 조금 더 자연스럽게 할 수 있으며 숙달된다. 그리고 이러한 과정이 지속적으로 반복된다면 해당 역량은 자신에게 체화된다. 체화된 역량은 그 가치와 효과가 배가된다.

오늘날을 살아가면서 부족한 역량이나 요구하는 역량을 개발하는 것도 중요하지만 이미 보유하고 있는 역량을 잘 관리하는 것도 무시할 수 없다. 현대 경영학의 대가라고 일컬어지는 피터 드러커(Peter F. Drucker)는 측정할 수 없다면 관리할 수 없다고 했다. 그런데 역량은 측정할 수 있는 개념이다. 그렇다면 관리할 수 있는 것 아닐까? 당신이 보유한 역량은 어떻게 관리되고 있는가?

40.
당신은 함께 여행하고 싶은 사람이십니까?

파트너십 / 2020. 3. 9. / 유효기간이 만료된 여권을 정리하면서 촬영

대략 한 달 정도 동반자가 함께 가는 조건으로 여행을 떠날 수 있는 기회가 생겼다고 가정해 보자. 여행 장소와 숙소도 물색해야 하고 여행지에서 하고 싶은 것도 생각해야 한다. 여행에 필요한 준비물도 챙겨야 하고 비용도 산정해야 한다.

그러나 이러한 모든 생각에 앞서 심사숙고해야 하는 내용은 바로 여행의 동반자를 선택하는 것이다. 단 하루의 여행일지라도 아무하고나 가고 싶지는 않을 것이다. 한 달 혹은 그 이상의 기간이라면 더더욱 고민은 깊어지게 마련이다.

여행의 동반자를 선택하는 데 있어 일단 잘 모르는 사람은 제외될 것이다. 여행을 즐기기에도 부족함이 많을 터인데 동반자까지 신경 써가면서 어색함을 간직한 채 여행하고 싶지는 않기 때문이다.

나 자신과 생각이 달라도 너무 다른 사람 역시 여행의 동반자로 선뜻 선택하기 어렵다. 더군다나 고집까지 있다면 더 이상 생각해 볼 여지도 없다. 여행 기간 내내 의견의 충돌과 크고 작은 갈등에 직면할 상황 등이 머릿속에 그려지기 때문이다.

반대로 여행의 동반자가 되었으면 하는 사람들을 떠올려 보자. 나와 알고 지내는 사람이라면 누구라도 괜찮다고 생각하지는 않을 것이다. 알고 지내는 사이를 넘어 나를 조금 더 배려해 주는 사람이라야 함께 가자고 손을 내밀 수 있을 것이다. 나에 대한 배려라고 해 봤자 말이나 행동을 할 때 내가 처한 상황을 고려하고 내 입장에서 생각해 보는 정도면 충분하다.

그렇다고 해서 나에 대한 배려만 있으면 되는 것도 아니다. 나와 다른 면도 있어야 한다. 나의 부족함을 채워 줄 수 있는 면도 있어야 하고 나에게는 없는 강점이나 장점도 가지고 있으면 좋다. 배울 점이 많기 때문이다.

그리고 수용성이나 개방성이 있다면 나와 생각이 다른 것은 큰 문제가 되지 않는다. 오히려 이런 사람과 함께라면 나만의 틀에서 벗어나 새로운 생각이나 경험을 할 기회가 많아진다. 이런 사람을 찾아 함께 여행을 간다면 여행에서의 좋은 추억을 남기는 것을 넘어 삶에 있어 많은 변화를 가져올 수도 있다.

이쯤에서 거꾸로 생각해 보자. 내가 여행의 동반자를 선택하는 것이 아니라 누군가의 여행 동반자로 선택받는 입장에 서 보는 것이다. 나를 여행의 동반자로 선택하는 사람은 누구일까? 그 사람은 왜 나를 여행의 동반자로 선택하려고 할까?

그들 역시 당신을 선택할 때 앞서 제시한 내용과 같은 나름의 기준이 있을 것이다. 물론 그 기준이나 요인이 절대적인 것은 아니겠지만 여행의 동반자를 선택하는 데 있어 대다수의 사람들이 고개를 끄덕일 만한 공통분모는 존재한다. 만일 상대방이 당신을 선택한다면 당신 역시 그 기준에서 벗어나지 않았을 것이다.

여행은 반드시 일상을 떠나 어디로 가야만 하는 것이 아니다. 일상이 곧 여행이기도 하다. 결혼생활도 자신의 배우자와 함께 떠나는 여행이고 직장 생활도 동료들과 함께 떠나는 여행이다. 학교생활이나 그 밖의 모든 생활 역시 마찬가지다. 내가 기대하는 여행의 동반자가 있다면 나 역시 그 기대에 부응해야 한다.

41.
당신의 결과물에는 어떤 전치사가 붙습니까?

주인의식 / 2021. 12. 28. / 머그컵을 씻으며 발견한 내용을 촬영

한때는 가전제품 뒷면에 'made in japan'이 표기된 것만으로도 그 제품에 대한 신뢰나 가치 그리고 가격이 보장된 적이 있었다. 가전제품만이 아니다. 자동차, 가구는 물론, 와인이나 초콜릿 등 일상생활에서 사용되거나 소비되는 다양한 제품에는 그 제품이 제조된 국가 명이 표기되었다. 화장품이나 향수, 시계 등과 같은 종류의 제품도 마찬가지다.

그런데 기술의 발전과 노동력의 분산, 기업의 글로벌화 등 환경이 변화됨에 따라 소위 말하는 'made in'에 대한 매력은 감소되었다. 즉 그 제품이 어디에서 만들어졌는지에 대한 관심이나 가치가 과거에 비해 상대적으로 하락한 것이다.

반면 'made by'에 대한 관심과 가치는 훨씬 더 높아졌다. 누가 만들었는지, 누구에 의해 만들어졌는지가 중요해진 것이다. 주로 건축물, 그림, 디자인, 음악, 글 등과 같은 작품을 떠올려 보면 된다.

'made in'과 'made by'는 겉으로 보기에 무언가를 만들어 낸다는 점에서는 별 차이가 없어 보이지만 실제로는 측정하기 어려울 정도로 큰 차이가 있다. 'made in'의 영역에서 무언가를 만드는 경우에는 공동체의 평균이나 일관성 등에 초점이 맞춰지지만 'made by'의 영역에서는 개인의 독특함이나 차별성 등에 초점이 맞춰진다.

그래서 'made in'과 'made by'의 차이는 제품과 작품의 차이만큼 크다. 그리고 이와 같은 차이는 자신이 하고 있는 일에 있어서도 그대로 적용된다.

물론 자신이 만드는 모든 결과물에 'made by'를 표기하는 것은 쉬운 일이 아니다. 더군다나 어떤 조직에 속해서 다른 구성원들과 함께 일을 하고 있다면 더욱 그렇다.

그럼에도 불구하고 자신이 하고 있는 일에 대해서는 'made by me'의 관점으로 접근해야 할 필요가 있다. 자신의 결과물에 이른바 'made by me'를 표기한다고 생각해 보면 하고 있는 일을 바라보는 관점이 달라지고 기울이는 노력 또한 달라지기 때문이다.

그리고 'made by me'로 접근하게 되면 일에 대한 오너십(ownership)과 자부심도 함께 따라온다. 최근 들어 자신의 온라인 계정이나 채널에 자신이 만든 콘텐츠를 게재하는 현상 등이 이를 잘 보여 준다. 아무래도 자신의 이름을 걸고 하는 일에는 남다른 책임감이 생기고 열정이 타오르기 때문이다.

아울러 'made by me'라는 관점이나 접근에는 자신뿐만 아니라 어떤 결과물을 함께 만들어 내는 구성원들도 포함돼야 한다. 즉 'made by us'로도 확장되어야 한다.

조직에서 리더의 역할을 하고 있다면 제임스 카메론 감독이 2009년에 만든 영화 아바타(Avatar)의 엔딩 크레디트(ending credit)에서 구성원들이 'made by us'를 느낄 수 있는 힌트를 찾아볼 수 있다. 영화가 끝난 후 깨알같이 작은 글자들이 이어져 올라오는데 이 영화가 만들어지는 데 참여한 모든 사람들의 이름들이다. 감독, 제작자, 투자자, 배우는 물론, 엑스트라, 조명, 음향, 출장 요리 업체, 운전기사 등등 1,000여 명의 이름이 스크린에 펼쳐진다. 비중에 관계없이 영화 제작에 참여한 모든 사람들이 'made by me'와 'made by us'를 느끼면서 새로운 에너지를 얻게 되는 계기가 된다.

자신의 만들어 낸 결과물이 제품이 아닌 작품으로 남겨지기를 원한다면 지금 하고 있는 일 그리고 앞으로 해야 할 일을 'made by me'로 바라보자. 분명 그 과정과 결과가 달라질 것이다.

42.
당신을 움직이는 에너지는 충분하십니까?

원동력 / 2020. 5. 19. / 주유소에서 주유 후 촬영

제아무리 좋은 차라고 할지라도 휘발유나 경유 혹은 전기나 수소 등
과 같은 에너지가 없으면 움직이지 않는다. 그리고 주행 중일지라도
에너지가 부족하다는 표시등이 나타나면 가까운 주유소를 찾아 에너
지를 채우게 된다.

운전을 하면서 에너지가 모두 소진될 때까지 기다리는 경우는 많지 않다. 보통은 에너지가 거의 없다고 확인되면 주유를 하게 된다. 물론 대부분의 운전자들은 한 번 주유하고 나면 며칠 혹은 어느 정도의 거리를 움직일 수 있는지도 잘 알고 있다.

이와 같은 인식과 판단은 비단 자동차를 운전하는 경우에만 해당되는 것이 아니다. 개인이나 조직에도 적용된다.

개인이나 조직의 경우 원하는 대로 움직일 수 있게 만드는 에너지에 해당되는 것은 여러 가지다. 대표적으로는 보유하고 있는 지식이나 기술, 태도 등을 총칭하는 역량이 될 수 있다.

그런데 이러한 역량은 자동차를 움직이는 에너지와 마찬가지로 일정 기간이 지나면 소진된다. 특히 과거와 달리 그 기간도 짧아졌다. 이른바 지식의 반감기가 단축된 것이다.

예전에는 한 번 익힌 지식이나 기술을 오랜 시간 동안 사용할 수 있었지만 지금은 다르다. 보유하고 있는 역량의 유효 기간이 짧아졌다. 더군다나 과거의 지식이나 기술 혹은 경험 등이 현재에는 더 이상 적용되지 않으며 사용하기 어려운 경우도 종종 나타난다. 하루가 멀다 하고 나타나는 새로운 지식이나 기술도 무시할 수 없다.

그래서 시시때때로 개인이나 조직을 움직일 수 있는 에너지를 확인하고 새로운 에너지를 충전해야 하는 것은 개인이나 조직에게 있어 선택이 아니라 필수적인 행동이라고 할 수 있다.

역량이리는 에너지를 충전하는 방법은 다양하다. 그중 하나는 현재 상황에서 조금씩 관심의 영역을 확장해 보는 것이다.

이는 겨울에 눈사람을 만들기 위해서는 손으로 움켜쥘 수 있는 정도의 작은 눈덩이부터 만드는 것과 다름이 없다. 이른바 눈덩이 굴리기 효과(snowball effect)를 적용시켜 보는 것이다.

작은 눈덩이를 만들어 이리저리 굴리게 되면 어느새 커다란 눈사람이 되는 것처럼 지금 자신이 보유하고 있는 역량과 관련된 분야에 관심을 가지고 조금씩 학습을 해 나가는 것이다.

학습이라는 것은 책상 앞에 앉아서 책을 보는 것만을 의미하지는 않는다. 새로운 경험을 하고 새로운 사람을 만나는 것도 학습이다. 그리고 이와 같은 과정을 통해 역량이라는 에너지는 재충전된다.

지금의 상태는 수년 혹은 수십 년 전에 배우고 익히는 과정을 통해 채워 놓은 에너지의 힘으로 만들어졌을 가능성이 크다. 그런데 이제 그 에너지는 많이 남지 않았다. 어쩌면 거의 바닥에 이르렀을 수도 있다.

자동차와는 달리 경고등이 표시되지 않아 자칫 잘못하면 중간에 멈춰 설 수도 있다. 그리고 에너지가 부족하다는 것을 알아채기는 했으나 바로 채울 수 있는 시간이나 환경이 갖춰지지 않은 상태에 놓여 있을 수도 있다.

따라서 개인이나 조직 모두 갑자기 멈춰지는 상황에 놓이기 전에 남아 있는 에너지는 얼마인지 그리고 언제 어느 정도 에너지를 채워야 하는지를 살펴볼 필요가 있다. 어쩌면 지금 이 순간이 이를 확인하기 적절한 시점일 수도 있다.

43.
당신의 지식과 경험은 공유되고 있습니까?

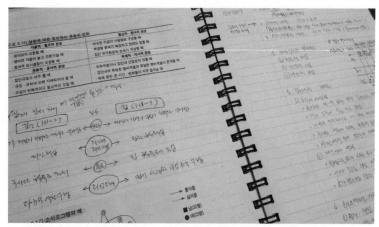

나눔 / 2020. 7. 20. / 대학원 재학 당시 필기한 노트를 펼쳐 보면서 촬영

학창 시절 시험을 앞두고 친구에게 필기한 노트를 빌려달라고 한 적이 있다. 매번 빌리기만 한 것은 아니다. 필자가 정리한 노트도 교환했다. 같은 수업을 들었음에도 불구하고 친구의 노트에는 새로운 내용도 있고 보다 이해하기 쉽게 정리된 내용도 있다는 것은 신기할 따름이다.

당시에는 서로가 별다른 거리낌 없이 노트를 교환했지만 막상 자신이 가지고 있는 것을 나눠주기란 생각만큼 쉽지 않다. 나누는 순간 그만큼 내가 가진 몫이 빠져나가기 때문이다. 경우에 따라서는 아깝기도 하고 왠지 손해를 보는 것 같기도 하다.

물론 이와 같은 생각은 자신의 상황을 제로섬(zero-sum) 게임으로 접근했을 때의 이야기다. 이는 한 쪽의 이득이 다른 쪽의 손실을 가져온다는 것으로 모든 이득의 총합은 결국 '0'이 되는 것을 말한다.

그리고 이처럼 한정된 자원과 소유에 중점을 두고 있는 제로섬 게임은 각종 상황 및 이론에 접목되어 일상에서 자연스럽게 받아들여지고 있기도 하다.

그러나 소유가 아닌 공유로 접근하면 치열하고 숨 막히는 제로섬 게임에서 벗어나 볼 수도 있다. 경우에 따라서는 새로운 환경이나 더 나은 상황을 만들어 낼 수도 있다.

일례로 지금은 익숙해진 공유 경제가 그렇다. 경험과 가치에 중점을 두고 있는 공유는 비즈니스 감각이 있어야만 할 수 있는 것도 아니고 유형의 물질이 있어야만 하는 것도 아니다. 즉 누구나 할 수 있다. 더욱이 공유하면 할수록 그 가치가 더해지기도 한다.

이런 측면에서 볼 때 개인이 보유한 지식이나 경험은 비교적 쉽게 공유해 보고 가치를 창출해 낼 수 있는 것 중 하나다. 이는 제로섬 게임에 해당되지 않는다. 오히려 지식이나 경험을 공유하는 것이 타인은 물론, 스스로에게도 도움이 된다. 이른바 공유에 의한 학습(learning by sharing)이 이루어지기 때문이다.

먼저 자신이 학습하고 있거나 하고 있는 일과 관련된 지식과 경험의 공유는 불특정 다수일지라도 해당 분야에 있는 이들에게는 꽤나 유용할 수 있다. 상대방이 이미 그 내용을 알고 있더라도 마찬가지다. 공유하는 내용을 받는 입장에서 보면 해당 내용에 대해 재확인은 물론, 다시 한번 정리해 볼 수 있는 계기가 될 수 있다.

다음으로 지식이나 경험을 공유하는 입장이라면 공유하기 위해 준비하는 과정에서 개인의 역량이 향상될 수 있다. 공유하고자 하는 내용을 다시 보게 될 뿐만 아니라 세세한 부분까지 확인하고 점검하기 때문이다. 이 과정에서 해당 내용에 대한 이해의 수준이 높아지는 것은 어쩌면 당연한 귀결이다.

이와 함께 서로 간에 지식과 경험을 공유하는 과정 속에서 자신이 몰랐던 내용을 우연치 않게 알게 되기도 하고 잘못 알고 있는 내용을 발견하여 수정할 수도 있다. 또한 직접적이지는 않을지언정 자신이 고민하고 있는 문제를 해결할 수 있는 단초를 얻게 될 수도 있다.

사람마다 차이는 있겠지만 지식이나 경험은 상대적으로 공유하기가 쉬운 편에 속한다. 더군다나 공유하는 지식과 경험은 신뢰할만하고 균형적이며 제일 먼저 자기 자신에게 각인된다.

따라서 자신이 습득한 지식과 유용한 경험을 오래도록 간직하고 활용하고 싶다면 이를 다양한 방식으로 공유해 보는 것이 좋다. 공유한 결과물을 포함해서 공유해 나가는 과정이 바로 학습의 과정이며 결과물이기 때문이다.

44.
당신에게 재미와 성취감을 주는 것은
무엇입니까?

장애물 / 2020. 10. 13. / 아들과 함께 운동하면서 촬영

골대가 없이 농구를 한다고 생각해 보자. 무엇보다 먼저 재미가 없을 것이라는 생각이 떠오른다. 혹시나 하는 마음으로 골대가 없거나 의도적으로 제거한 상태에서 농구를 한다면 역시나 재미를 찾기는 어려울 것이다.

골대가 있기 때문에 농구공을 넣기 어렵지만 역으로 골대가 있기에 농구공을 넣을 수 있다. 만일 골대가 없다면 재미는 물론, 흥미도 떨어진다. 하고자 하는 의지가 저하되기도 한다.

이처럼 골대는 일종의 장애물이기도 하지만 하는 이로 하여금 재미와 흥미를 느끼게 만들고 성취감을 느끼도록 만들어 주는 데 있어 없어서는 안 될 필수품이기도 하다.

그런데 이와 같은 골대는 비단 운동 경기에만 있는 것은 아니다. 주변을 둘러보면 일상에서도 골대와 같이 장애물이자 필수품의 특징을 지닌 사람이나 상황들이 많다.

경우에 따라 다르겠지만 어떤 상황에서는 상사나 동료 혹은 파트너 등과 같이 함께 일하는 사람이 자신에게는 하나의 골대일 수도 있다. 하고 있는 일에서 잘 해결되지 않는 문제도 마찬가지이며 대인 관계에 있어 갈등이 있다면 이 역시 다르지 않다.

물론 현실적으로 어렵겠지만 자신 앞에 놓인 이런 사람이나 문제 그리고 갈등이 제거된다면 힘들다고 생각되는 상황이 나아질까?

일시적으로는 나아질지언정 궁극적으로 상황은 나아지지 않을 것이다. 오히려 하고자 하는 의지가 사라지고 흥미를 잃게 될 가능성이 더 커질 것이 분명하다. 그 사람만 없으면 혹은 그 문제만 없으면 잘될 것 같지만 대부분 상상 속에서만 그렇다.

실제로는 그 사람이 있고 그 문제가 있기 때문에 생각도 하게 되고 도전도 하게 되는 것이다. 새로운 방법을 찾으려는 노력이나 시도를 해 보는 것도 어쩌면 그것이 있기 때문이다. 결과적으로는 그로 인해 성취감도 느끼게 되고 활력을 얻게 되기도 한다.

운동경기나 일상에서 마주하는 골대는 몇 가지 공통점이 있다. 우선 자신과 가까이에 있다는 것이다. 그리고 자기 자신을 포함해서 누구나 그 골대가 있다는 것을 안다. 심지어 눈에도 보인다. 결정적인 공통점은 눈에 보이고 어떻게 하면 되는지를 알지만 마음대로 잘되지 않는다는 것이다.

그렇다면 어떻게 해야 할까?

일단 자신 앞에 놓인 골대를 장애물이 아닌 재미와 흥미 그리고 성취를 위해 반드시 있어야 할 대상으로 생각해야 한다. 이는 농구선수가 자신 앞에 놓인 골대를 장애물로 여기지 않고 득점을 성취하기 위해 반드시 있어야 하는 것으로 여기는 것과 같다.

다음으로는 여러 번 시도하는 것이다. 한 번 던질 때마다 하나씩 골이 들어가면 혹은 문제가 해결되면 좋겠지만 현실에서는 그렇게 되는 경우가 많지 않다. 그래서 잘되지 않는다고 해서 쉽사리 포기할 것이 아니라 다양한 방법으로 여러 번 시도해 봐야 한다. 그 과정에서 자신만의 성공 노하우가 쌓이게 된다.

농구공의 지름은 약 24cm이고 농구 골대의 지름은 약 45cm이다. 대략 20cm의 여유 공간이 있지만 생각만큼 잘 들어가지 않는다. 사람이나 문제도 비슷하다. 매번 성공하기는 어렵다. 하지만 불가능한 것도 아니다.

그러니 눈앞에 있는 골대라고 생각되는 사람, 문제, 갈등 등이 있다면 이에 대해 부담을 갖거나 회피하기보다는 여러 번 마주쳐 보는 것을 선택하자. 그 속에서 재미는 물론, 성취감도 맛볼 수 있을 것이다.

45.
당신의 알람(alarm)은 언제 울리도록
설정되어 있습니까?

변화의 시점 / 2020. 11. 11. / 잠자기 전 알람을 설정한 후 화면 캡처

매일 아침 나를 일어나게 만드는 소리가 있다. 알람이다.

한 번 듣고 일어나면 좋으련만 생각만큼 몸은 바로 반응하지 않는다.
그래서 결국 필자의 아침을 깨우는 알람은 15분 단위로 몇 번에 걸쳐
울리도록 설정되어 있다. 만약 알람이 없다면 아침에 눈을 뜰 때마다

시간을 보고 놀라서 허둥지둥대는 상황에서 벗어나지 못할 것이다.

그런데 이러한 알람은 단순히 잠을 깨우는 기능만 하는 것은 아니다. 의식하지 못하겠지만 이미 알람을 설정하는 과정에서 계획과 실행하고자 하는 의지도 함께 설정된다.

가령 내일 아침 5시에 일어나야 하기 때문에 알람을 설정한다면 왜 그 시간에 일어나야 하는지 그리고 그 시간에 일어나서 무엇을 준비하고 어디로 향할 것인지 등에 대한 생각도 함께 이루어진다는 것이다.

그래서 어찌 보면 알람을 설정하는 것만으로도 일련의 계획이 수립되고 있다고 생각해 볼 수 있다.

이렇게 보면 소위 말하는 시간 관리의 개념이나 방법 측면에서 말하는 것처럼 하루에도 수많은 알람을 설정해도 무리가 없다. 실제로 시간 관리를 다루는 책이나 강연에서는 10분이나 15분 단위로 알람을 설정해 보라는 이야기를 하는 경우도 있다.

물론 이 정도 간격으로 알람이 설정되어 시시각각 울린다면 불편함을 초래할 수도 있겠지만 아무튼 일상에서 계획을 가지고 접근하라는 정도로 생각하면 될 듯하다.

이러한 측면으로 접근해 보면 알람은 비단 아침에만 필요한 것은 아니다. 알람은 여러 가지 효용성을 지니고 있다.

먼저 알람이 무언가를 해야 한다는 것을 알려 주기 위해 필요한 것이라고 생각한다면 그 대상은 여러 가지가 될 수 있다.

일상에서 자신에게 중요한 일이나 기억해야 하는 일은 물론이고 지속적으로 반복해야 하는 일도 알람의 대상이 될 수 있다. 또한 역으로 생각해 보면 한 가지 일에 매몰되지 않도록 주의를 환기시켜야 하는 경우에도 알람이 필요하다.

다음으로 알람은 행동의 변화를 이끌어 내는 데 도움을 주기도 한다. 그래서 어떤 습관을 형성해야 할 필요를 느낀다면 알람을 설정하는 것은 손쉬운 방법 중 하나가 될 수 있다. 예를 들면 독서하는 습관이 필요하다면 매일 독서해야 하는 시간을 알람으로 설정해 놓는 것이다. 마치 아침에 일어나야 하는 시간을 설정해 놓은 것과 마찬가지라고 할 수 있다.

이는 일종의 자극에 따른 반응을 이끌어 내기 위한 것이라고 할 수 있다. 초기에는 특정한 습관을 만들기 위한 신호로써 알람의 도움을 받겠지만 이를 반복적으로 지속하다 보면 별다른 자극, 즉 알람이 없어도 움직일 수 있게 되는 것이다.

알람은 신호다. 그것도 시작을 알리는 신호다. 그래서 새롭게 시작해야 하는 일이 있다면 먼저 알람부터 설정해 보는 것이 좋다. 단 몇 번만 손가락을 움직이면 된다. 좋은 습관이나 행동은 생각만으로는 이루어지기 어렵다.

46.
당신은 정서적 동질성(emotional homogeneity)을 어떻게 형성하십니까?

가치관 공유 / 2021. 12. 28. / 출근버스 탑승 장소로 이동 중 촬영

횡단보도에 켜져 있는 빨간색 신호등이 무색할 정도로 많은 사람들이 길을 건너가고 있다. 다행히 도로 위를 오가는 차량은 보이지 않는다.

다들 아무렇지 않게 건너는 상황에서 우두커니 신호등을 바라보고 있는 몇몇 사람들도 있다. 그러나 이들 역시 신호등을 무시하고 길을 건너는 사람들 속으로 들어가 길을 건넌다.

이와 같은 모습을 비단 보행자에게서만 볼 수 있는 것은 아니다.

운전을 하는 경우에도 비슷하다. 인적이 없는 곳을 지날 때 신호등의 신호를 지키지 않고 가는 앞 차량을 보면 정지 신호임을 알고 있음에도 불구하고 슬그머니 뒤따라 주행하기도 한다.

이런 행동을 한 이유 중 하나는 비록 찰나의 순간이기는 하지만 주변 사람들과 정서적 동질성(emotional homogeneity)이 형성되었기 때문이다.

정서적 동질성이란 어떤 집단 내에 있는 구성원들의 생각이나 행동, 취향, 습관 등이 비슷해지는 현상을 일컫는 말이다. 이는 서로 모르는 사람들 사이에서도 발생하지만 대부분의 경우에는 많은 시간을 함께 있는 사람들 간에 나타난다. 그래서 주로 친구나 직장 동료 간에 정서적 동질성이 발견되는 경우가 많다.

실제로 비만과 관련해서 1971년부터 2003년까지 약 32년간 12,000여 명을 추적 조사한 결과, 형제자매나 배우자보다 친구에게 영향을 받는 경우가 상대적으로 많았는데 이는 친구와의 정서적 동질성에 영향을 받은 것으로 볼 수 있다.

이처럼 정서적 동질성이 형성된 사람들은 일상적으로 사용하는 어휘나 표현은 물론, 행동 패턴도 비슷해진다. 더 나아가 생각하는 과정이나 방법 그리고 판단의 기준 등이 유사해지기도 한다.

일례로 SNS 상에서 친구 사이의 감정이 어떻게 전파되는지에 대해 수년 전에 실시되었던 연구를 살펴보면 긍정적인 언어를 사용한 경우, 3일 이내에 평균 7% 정도의 긍정 언어가 증가했다는 결과도 있다.

반면 부정적 측면에서의 정서적 동질성도 있다. 만약 매번 정해진 시간보다 조금씩 늦게 회의가 시작된다면 다른 이유들도 있겠지만 시간 준수에 대한 부담을 갖고 있지 않은 구성원들 간 정서적 동질성이 형성되어 있기 때문일 수도 있다.

이와 같은 몇 가지 사례에서 볼 수 있듯이 정서적 동질성이 지니고 있는 힘은 생각보다 크다. 특히 여러 가지 선택의 갈림길에 놓여 있거나 변화를 추구한다면 구성원들의 정서적 동질성부터 살펴볼 필요가 있다.

리더스타그램

그리고 구성원들과의 정서적 동질성을 형성하는 것 이상으로 바람직한 측면에서의 정서적 동질성을 만들어 가는 노력이 필요하다.

정서적 동질성을 형성하는 방법 중 하나는 가치관을 공유하는 것이다. 공유된 가치관이 있다면 보다 쉽고 빠르게 정서적 동질성을 형성할 수 있다.

이와 함께 자신이 기대하는 말이나 행동 등에 대해 스스로 실천하는 모습을 보여 주는 것도 방법이다. 말이나 글 정도로는 부족하다. 이른바 솔선수범이 필요하다. 물론 한 번으로는 되지 않으니 지속성도 있어야 한다.

아울러 때로는 엄격해질 필요도 있다. 만일 상황에 따라 기준과 평가를 달리하게 된다면 이 역시 구성원들의 정서적 동질성 측면에서 잘못된 신호를 줄 수 있기 때문이다.

개인 간에 그리고 조직 내에 어떤 정서적 동질성이 형성되어 있느냐에 따라 현재와 미래가 달라질 수 있다. 그래서 정서적 동질성은 알아서 만들어지도록 방치할 것이 아니라 계획을 가지고 만들어 가야 한다. 이를 조금 확대해서 접근하면 바람직한 조직 문화 조성이라고도 할 수 있다.

47.
당신의 일터에서 찾아야 하는 것은 무엇입니까?

재미와 의미 / 2020. 12. 28. / 거주하고 있는 아파트 놀이터에서 촬영

한참 시끄러워야 할 놀이터에 아이들은 보이지 않고 놀이 기구만 덩그러니 놓여 있다. 머지않은 시간 안에 놀이터에서 뛰노는 아이들의 모습을 보기를 바라며 예전의 북적대던 상황을 떠올려봤다.

놀이터는 처음부터 여럿이 모여서 오는 경우도 있고 혼자 와서 놀다 보니 여럿이 모이게 되는 경우도 있다. 어쨌든 놀이터는 혼자만의 공간이라기보다는 여럿이 함께 모인 공간이다.

이와 같은 공간에 함께 있는 아이들은 서로 잘 모르거나 처음 만났을지라도 조금만 시간이 지나면 망설임 없이 한데 어울려 그야말로 시간 가는 줄 모르고 신나게 논다. 한마디로 놀이터에서 노는 아이들은 행복하다.

서로 자연스럽게 소개도 하고 자신이 하고 있는 놀이를 알려 주기도 한다. 가지고 온 장난감을 나눠 쓰고 경우에 따라서는 그 자리에 모인 아이들끼리 새로운 놀이를 만들어 내기도 한다.

놀이터에서 아이들 사이에 벌어지는 일이지만 유심히 살펴보면 그저 스쳐 넘길 일만은 아니다.

그 속에서 자연스럽게 팀 빌딩(team building)이 이루어지고 서로 간에 학습(learning)이 발생하는 모습을 볼 수 있기 때문이다. 또한 서로에게 코칭(coaching)을 하거나 아이디어를 교환(exchange)하는 것이 발견되기도 한다. 게다가 가지고 있는 것을 공유(sharing)하기도 하고 예상치 못한 친구 관계가 형성되기도 한다.

더군다나 이 모든 것이 한나절도 채 되지 않는 짧은 시간에 이루어진다. 어떻게 놀이터에서 이런 일들이 일어날 수 있을까?

그 시작은 하고 있는 일을 스스로 즐기는 것에서 찾을 수 있다. 제임스 매튜 배리(James Matthew Barrie, 피터팬 저자)는 행복의 비밀이 내가 좋아하는 일을 하는 것이 아니라 내가 하는 일을 좋아하는 데 있다고 했다. 이 말은 놀이터에 온 아이들을 보면 금방 이해가 된다.

다음으로는 분명한 목적을 가지고 있다는 것이다. 놀이터에 온 아이들은 대부분 재미있게 놀겠다는 목적이 있다. 그리고 그 목적에 충실하게 행동한다. 목적이 같은 아이들이 모였으니 무엇을 하든지 열심이다. 조금 더 재미있게 놀기 위해 의견도 자연스럽게 오가고 새로운 시도도 거리낌 없이 해 보게 된다. 이를 조직의 언어로 말하면 애자일(agile)하다고 할 수 있다.

아울러 아이들 사이의 관계가 단순하다는 것도 눈여겨볼 부분이다. 놀이터에 온 아이들은 서로가 복잡한 관계를 만들지 않는다. 그리고 목적이 분명하면 사실상 굳이 복잡한 관계를 만들 필요도 없다. 관계가 단순해지면 소통은 명확해지고 의사결정은 빨라진다.

아이들에게 놀이터는 다시 가고 싶은 장소다. 허락만 된다면 조금 더 오랜 시간 머물고 싶은 장소이기도 하다. 놀이터에 좋은 놀이 기구가 있으면 좋겠지만 그렇다고 해서 반드시 있어야 하는 것도 아니다.

이제 시선을 놀이터에서 일터로 옮겨보자. 일터도 생각하기 나름이겠지만 어느 정도는 놀이터와 같은 장소가 될 수 있다. 놀이터가 될 수 있는 조건들을 상당 부분 갖추고 있기 때문이다.

당신의 일터에서는 이와 같은 놀이터에서의 모습들이 보이는가? 잘 보이지 않는다면 어떻게 해야 할지를 강구해 보자. 이는 놀이터 벤치에 앉아 한 시간 정도만 아이들을 바라보고 있어도 쉽게 찾을 수 있다.

48.
당신은 어디로 향하는 버스(bus)를
타고 계십니까?

비전 / 2021. 4. 16. / 퇴근길 버스정류장에서 촬영

버스가 도착했고 빈자리도 많았지만 타지 않았다. 가고자 하는 목적
지와 방향이 맞지 않기 때문이다.

너무나 당연한 말이지만 정류장이나 터미널에서 기다리는 것이 지
루하거나 힘들다고 해서 아무 버스나 타는 경우는 없다. 기다리는 한

리더스타그램

이 있더라도 자신이 가고자 하는 목적지나 방향이 일치하는 버스가 도착해야 비로소 요금을 지불하고 그 버스에 오르는 것이다.

반면 뛰어가서라도 타야 하는 버스가 있다. 이미 탑승해 있는 승객이 많아도 개의치 않는다. 그 이유는 자신이 가고자 하는 목적지와 방향이 맞기 때문이다. 목적과 방향이 분명하면 조금 기다리거나 뛰는 것은 당연하다.

이런 선택과 행동이 비단 버스를 타는 상황에서만 나타날 리 없다. 자신의 삶이나 일 속에서도 마주하게 된다.

그런데 이 경우에는 버스를 기다리거나 뛰어가서 타는 것과는 조금 다른 양상이 나타나기도 한다. 선택도 상대적으로 조급한 편이다. 기다리거나 힘이 들면 눈앞에 있거나 손에 잡히는 것에 현혹되기도 한다.

자신의 삶과 일에 있어서 목적과 방향은 버스를 타고 이동하는 것과는 비교도 되지 않을 만큼 중요함에도 불구하고 종종 이를 망각하거나 확인하지 않는 것이다. 여러 가지 이유가 있을 수 있겠지만 그중 하나는 자기 자신과 타협하거나 스스로에게 관대한 기준을 적용하기 때문이다.

이러한 우를 범하지 않으려면 더 늦기 전에 목적과 방향을 확인해 봐야 한다. 이를 일컬어 미션(mission)이라고 하기도 하고 비전(vision)이라고도 한다. 물론 가치(value)도 포함된다.

이와 같은 미션과 비전 그리고 가치에 기반해서 도출된 목표(goal)는 여러 개가 될 수 있다. 개인의 생애 주기(life cycle)에 따라 달라지기도 하며 다양한 경험에 따라 변경되기도 한다. 만나는 사람의 영향도 무시할 수 없다. 무엇보다 목적이나 방향 없이 이곳저곳을 방황하는 것과는 다르다.

이는 개인에게 있어 삶과 일이 더 이상 하나의 목표만 바라보고 줄지어 오르는 등정주의(登頂主義)가 아니라 여러 개의 목표와 과정을 통해 다다르는 등로주의(登路主義)라는 것을 의미하기도 한다. 그래서 만일 아직 정해진 바가 없다면 정하는 것부터 시작해야 한다.

다시 버스로 가보자. 여타의 사정으로 인해 혹여나 가고자 하는 목적지나 방향이 다른 버스를 탈 수도 있다. 이 경우에 어떤 선택을 하는가?

더 늦기 전에 혹은 더 멀리 가기 전에 가장 가까운 정류장에서 내리는 것이 일반적이다. 내리지 않는다면 목적지나 방향을 다시 설정하기도 한다.

자신의 삶과 일에 있어서도 크게 다르지 않다. 자신이 추구하는 목적과 방향과 다르다는 것을 인지하는 순간이 바로 선택을 해야 하는 순간이다. 그렇다고 해서 무작정 지금 타고 있는 버스에서 내릴 수만은 없을 것이다. 목적과 방향을 다시 확인해 보거나 재설정하는 과정을 통해 결정해야 한다.

그리고 결정했다면 더 멀어지기 전에 환승을 해야 한다. 다행히 버스 정류장과 정류장의 간격은 길지 않고 환승 시스템도 잘 갖춰져 있다. 당신의 삶과 일에서도 마찬가지다. 늦었다고 생각하는 순간이 가장 빠르다는 말은 여기에도 해당된다.

49.
당신은 무엇부터 바꿔 보시겠습니까?

일상의 작은 행위 / 2019. 4. 22. / 교육생이 사무실 책상 위에 놓고 간 커피를 촬영

커피 한 잔과 한 줄의 메모, 여기서부터 변화가 시작된다.

"누구나 다 그럴싸한 계획이 있다. 링 위에 올라와서 두들겨 얻어맞기 전까지는."

핵주먹이라는 별명을 갖고 있는 미국의 권투선수 마이크 타이슨(Michael G. Tyson)의 인터뷰 내용이다.

지금 조직의 리더들은 이 말이 먼 나라의 이야기나 자신과 관계없는 이야기로 들리지 않는다. 단순히 흘려들을 수만도 없다. 현재 자신이 그 상황에 처해 있다는 것을 몸소 체감하고 있기 때문이다.

비즈니스 환경과 상황이 달라졌고 고객의 니즈는 물론, 조직 내 세대 변화도 급물살을 타고 있다. 기존에 수립된 여러 가지 계획들은 수시로 수정되고 변경되어 그야말로 계획이 유명무실해진 경험도 했다.

이는 적어도 표면적으로는 코로나19의 발생과 유행 속에서 마주하게 된 내용이며 실제로 코로나19로 인해 달라진 개인과 조직의 상황은 하나하나 열거하기 어려울 정도로 많다.

일례로 조직의 구성원들은 코로나19의 장기화로 인해 자의에 의해서든 타의에 의해서든 재택근무 등과 같은 비대면 상황에 노출되면서 자신이 속한 조직, 리더십, 일하는 방식 등에 대해 다시금 돌이켜보고 생각할 수 있는 계기가 되기도 했다. 이와 함께 자신의 현재와 미래에 대한 고민과 더불어 어떻게 대응하고 준비해야 할지에 대해 그 어느 때보다 심도 깊이 들여다보기도 했다.

한편 조직에서는 심리적 안정감, 스트레스 관리, 성과 지표, 평가, 신뢰, 소통 등과 같이 그동안 조직 행동 측면에서 기본 값으로 다루어졌던 요소들이 다시 부각되기 시작했다. 그리고 이러한 변화는 기존의 조직 문화와 리더십을 자연스럽게 시험대 위로 올려놓았다. 더군다나 눈앞에 놓인 시험대는 지금까지와는 다른 유형과 내용이기에 무엇부터 해야 할지에 대한 마땅한 가이드를 찾기도 쉽지 않다.

다만 조직문화와 리더십의 변화를 위해 대입해 볼 만한 몇 가지 내용들은 있다.

먼저 구성원 사이에 티키타카(tiqui-taca)를 활성화시키는 것이다. 축구 경기에서 같은 팀 선수들 간에 짧은 패스를 빠르게 주고받는 의미를 지닌 티키타카는 구성원들의 커뮤니케이션에 있어서도 그대로 적용된다.

비록 구성원들과 마주하는 경우는 줄어들었지만 이른바 스몰토크(small talk) 등과 같은 커뮤니케이션은 더 빈번하게 이루어져야 한다. 비대면 상황에서라면 사내 메신저를 포함해서 이미 일상화된 SNS 등을 보다 적극적으로 활용해 볼 수도 있다.

다음으로는 리더의 소프트 스킬(soft skills)이 발휘되어야 한다. 그리고 이러한 소프트 스킬은 창의적이고 세련되어야 한다. 구성원에게 개별화되어 발휘되어야 하는 것은 두말할 나위도 없다. 이 과정에서 리더는 구성원들을 밀착 관리(micro management)하는 것이 아니라 밀착해서 돌보는(micro care) 것으로 눈을 돌려야 한다.

이를 위해 리더는 무엇보다 구성원들과 그들이 하고 있는 업무에 대해 잘 알고 있어야 한다. 그래야 공감도 할 수 있고 적시 적절한 지원도 할 수 있기 때문이다.

아울러 구성원들의 직무 적합성(P-J Fit : Person-Job Fit)을 높여야 한다. 이는 개인이 직무를 수행하기 위해 필요한 역량 또는 개인의 욕망이 해당 직무의 특성과 일치하는 정도를 의미한다. 당연한 말이지만 적합성의 정도에 따라 직무 몰입, 성과의 차이를 가져오게 된다.

누구나 좋아하는 일을 하고 싶겠지만 현실은 녹록치 않다. 그렇다면 하고 있는 일을 좋아하게 만들 수 있는 방법을 찾아야 한다. 구성원들의 P-J Fit을 높이는 것은 하나의 대안이 될 수 있다. 이를 통해 소위 말하는 신기술 습득(reskilling)과 숙련도 향상(upskilling)도 기대해 볼 수 있다.

코로나19는 점진적인 변화를 기대하고 준비했던 많은 조직과 개인들의 허를 찔렀다. 다행스러운 점은 이로 인해 약한 부분도 드러났지만 반대로 강한 부분이 무엇인지도 알게 되었다는 것이다.

이제 남은 것은 '무엇을 어떻게 할 것이냐'이다. 바둑 용어 중 착안대국 착수소국(着眼大局 着手小局)이라는 말이 있다. 거시적으로 보되 한 수 한 수는 세심하게 놓으라는 뜻이다.

조직 문화와 리더십 역시 마찬가지다. 그동안 큰 그림을 그리는 데 집중했다면 지금부터는 선을 명확하게 긋고 어울리는 색을 선택해서 칠해야 한다. 이왕이면 구성원 모두가 함께할 수 있도록 하면 좋겠다. 조직 문화와 리더십의 변화는 결국 구성원들의 공감과 참여가 있어야 가능하기 때문이다.

50.
당신이 재생(再生)시켜야 하는 것은
무엇입니까?

가치 / 2021. 11. 1. / 티백을 사용한 후 촬영

    사용하던 제품에 문제가 생겼다고 해서 바로 버리는 경우는 많지 않다. 이리저리 살펴보면서 고쳐 보려고 한다. 스스로 고칠 수 없다면 주변의 도움을 구하기도 하고 그래도 안 되면 A/S를 요청하기도 한다. 이른바 재생시키기 위한 노력을 하는 것이다. 그리고 이러한 노력으로 인해 해당 제품은 다시 제 모습을 찾거나 기능을 발휘하게 된다.

물론 문제가 발생한 모든 제품을 재생시키지는 않는다. 가치에 따라 재생 여부를 판단하게 된다. 판단의 기준이 되는 가치는 여러 측면의 영향을 받는다.

먼저 개인적인 측면의 가치가 있다. 예를 들어 비싸지도 않고 새로 마련해도 되지만 개인적인 추억이나 의미를 지닌 경우라면 재생하기로 마음먹는 경우가 많다.

다음으로는 사회적인 측면의 가치다. 공공의 이익이나 공공선(公共善) 등과 상충되는 경우라면 재생이 아닌 폐기를 선택하겠지만 그 반대의 경우라면 경제적으로는 손해가 될지언정 재생시키는 것에 무게를 두게 된다.

역사적인 측면의 가치도 있다. 현대의 신기술과 재료를 가지고 새롭게 만들어 낼 수도 있지만 세월의 흔적을 고스란히 유지한 가운데 재생시켜야 하는 것도 있다.

그런데 이와 같은 재생의 대상은 비단 눈에 보이는 것에만 국한되지는 않는다. 주변을 살펴보면 눈에는 보이지 않지만 재생시키기 위해 노력해야 한다고 여겨지는 것들이 있다. 즉 개인적으로나 사회적으로 재생시켜야 할 만한 가치가 있는 것들이다.

그중 하나는 공감(共感)이다. 단지 고개를 끄덕거리는 것만으로는 공감이라고 보기 어렵다. '나만 아니면 된다'는 식의 사고방식이나 행동에서 벗어나 상대방의 입장이 되어 생각하고 판단해 봐야 한다. 익히 들어서 알고 있지만 점점 개인화되고 있는 상황 속에서 공감은 분명 재생시켜야 할 것임에 틀림이 없다.

공정(公正)도 재생시키기 위해 노력해야 하는 것 중 하나다. 절차상의 공정을 비롯해서 판단이나 판정에서의 공정도 무시할 수 없다. 더군다나 공정은 일명 'MZ세대'라고 불리는 이들이 제기하고 있는 중요한 이슈 중 하나이기도 하다.

공존(共存) 역시 마찬가지다. 좁게 보면 하나의 울타리 내에서 공간을 공유하거나 업무를 함께하는 사람들 간의 문제로 보일 수도 있지만 보다 넓게 보면 시민 의식 등을 비롯해서 환경 문제에까지 이르게 된다. 그리고 이는 현재의 세대뿐만 아니라 미래 세대에도 영향을 준다.

이와 같은 공감, 공정, 공존은 최근 들어 사회나 조직 그리고 개인적으로 부각되고 있는 이슈이자 재생시켜야 할 대상이기도 하지만 리더십 측면에서도 결코 간과할 수 없는 부분이다. 제대로 작동하지 않으면 곧바로 조직의 문제로 드러나기 때문이다.

만일 이러한 부분에서 재생시켜야 할 필요성이 제기된다면 어떻게 해야 할까? 제품을 재생시키는 과정과 마찬가지로 먼저 스스로가 살펴 봐야 한다. 나는 어떻게 하고 있는지 그리고 나는 얼마나 하고 있는지 등을 확인해 봐야 한다.

다음으로는 주변의 도움을 받아볼 필요도 있다. 내가 어떻게 하면 되 는지 그리고 내가 얼마나 하면 되는지 등을 묻고 수용해야 하는 것이 다. 아울러 다른 사람들은 어떻게 얼마나 하고 있는지 등에 대해서도 알아보고 적용해 봐야 한다. 책을 통한 간접적인 접근도 유용하다. 이 두 가지의 행위는 리더의 자기 성찰이기도 하다.

51.
당신의 추억(memory)은 그들과 같습니까?

공감 / 2021. 12. 27. / 부모님께서 주신 앨범을 펼쳐 보기 전 촬영

졸업식 사진, 결혼식 사진 등이 있다면 다시 한번 들여다보자. 그리고 사진의 중앙에 누가 서 있는지를 살펴보자. 졸업식 사진의 중앙에는 졸업한 학생이, 결혼식 사진에는 결혼한 부부가 중앙에 있다. 즉 사진의 중앙에 위치하는 사람들은 그 일과 관련된 주인공이다.

물론 그들이 그 자리에 서 있게 되기까지 물심양면으로 지원을 아끼지 않은 이들이 있다. 선생님들이나 부모님들이 대표적일 것이다. 그러나 그렇다고 해서 선생님이나 부모님이 자녀의 졸업식이나 결혼식 사진의 중앙에 오는 경우는 찾아보기 어렵다.

그런데 이와 같은 상황이 조직에서 일어나면 이야기가 조금 달라지기도 한다. 조직에서도 특정한 프로젝트를 마치거나 어떤 행사 등을 치르고 나면 졸업식이나 결혼식처럼 기념사진을 찍는 경우가 있다. 그러나 정작 그 사진의 중앙에는 그 일의 당사자가 서있는 경우가 많지 않다.

그렇다면 일이나 행사를 기획하고 준비하고 실행에 옮긴 숨겨진 주인공들은 어디에 있을까?

만일 함께 사진을 찍었으면 중앙이 아닌 가장자리나 맨 뒷줄 어딘가에서 발견할 수 있을 것이다. 반면 그들이 사진 속에 없다면 미루어 짐작하건대 아마도 그 당시 카메라를 들고 사진을 찍고 있었을 가능성이 농후하다. 믿기지 않는다면 이와 같은 상황이 담긴 사진들을 찾아보자. 어렵지 않게 확인할 수 있다.

사진 한 장이 뭐 그리 중요할까라는 생각이 들 수도 있다. 그리고 불가피하게 함께 촬영하지 못하게 되는 경우도 있다. 중요한 것은 '사진을 찍고, 안 찍고'가 아니다. '사진의 중앙에 위치했느냐, 아니냐'와는 더더욱 거리가 멀다.

생각해 봐야 하는 것은 리더가 얼마나 구성원의 입장에 서 있는지와 그들이 돋보이도록 노력하고 있는지다.

그렇다면 어떻게 접근해야 할까?

한마디로 말하면 리더는 구성원의 입장에서 그들을 돋보이게 만들어야 한다. 즉 리더가 구성원들을 위해 보이는 곳에서든 보이지 않는 곳에서든 지원과 보살핌을 아끼지 말아야 한다는 것인데 서양의 서번트 리더십(servant leadership)이나 동양의 도덕경에서 그 방향과 방법을 찾아볼 수 있다.

리더십의 성공 비밀은 구성원들이 좋아하는 일을 하는 것이 아니라 구성원들이 하는 일을 좋아하게 만드는 데 있다.

그리고 리더는 구성원 위에 존재하는 것이 아니라 구성원을 위해 존재한다는 측면에서 보면 리더가 구성원들을 위해 무엇을 어떻게 해야 하는지는 보다 분명해진다.

가수 이소라 씨의 〈바람이 분다〉라는 곡의 가사 중에는 '추억은 다르게 적힌다'라는 노랫말이 있다. 연인 사이의 상황을 표현한 가사지만 조직 내 리더와 구성원들로 대입시켜 봐도 엇비슷한 면을 발견할 수 있다.

그래서 혹 지금까지 함께 있으면서 리더와 구성원들의 추억이 서로 다르게 적혀지고 있다고 생각된다면 지체하지 말고 같은 추억을 써 내려가기 위한 노력을 해야 한다. 구성원들은 분명히 업무적으로나 관계적으로 자신들과 같은 추억을 가진 리더를 원하기 때문이다.

52.
당신의 초보 운전 시절을 기억하십니까?

초심 / 2021. 10. 7. / 정체된 도로 위에서 앞 차를 촬영

'답답하시죠. 저는 환장합니다.', '저도 잘하고 싶어요.',

'앞만 보고 있습니다.', '화내지 마세요.', '배려해 주셔서 감사합니다.'

운전 중 도로 위에서 가끔씩 눈에 보이는 스티커에 쓰인 글이다. 대
개는 초보 운전자 즉, 운전을 처음 하거나 아직 운전하는 데 익숙하지

않은 운전자의 차량 뒷 유리창에 붙어 있다.

혹자는 이런 문구가 운전을 하는 데 별 도움이 되지 않는다고 한다. 오히려 뒤따라오는 운전자의 배려도 기대하기 어렵고 운전 중 조금이라도 실수하거나 서툴면 경적을 울려 긴장이 더해지는 경우도 있다는 말이다.

그러나 대부분의 운전자는 초보 운전을 스스로 알리는 스티커를 보면 보다 더 주의를 기울인다. 차선을 변경하는 경우에는 방향 지시등을 켜기도 하고 앞 차량과의 안전거리도 충분히 유지하면서 운전한다. 초보 운전자를 위한 일종의 배려다.

그런데 초보 운전자는 비단 도로 위에만 있는 것은 아니다. 새로운 조직에 들어가거나 새로운 역할을 맡았을 때도 비슷하다. 직무가 바뀌는 것도 빠지지 않는다.

이런 상황에 처해 있는 사람들도 위에서 언급한 초보 운전을 알리는 스티커를 붙이지 않았을 뿐이지 그 마음은 다르지 않다.

특히 환경이나 조직, 직무 그리고 사람 등 무언가를 새롭게 접하게 되는 경우라면 한 걸음 한 걸음이 조심스럽다. 그리고 가급적이면 못하는 티를 내지 않고 잘해 보고 싶은 생각이 머릿속을 채운다.

그렇다면 이 같은 경우에 처한 이들에게 필요한 것은 무엇일까?

적어도 재촉하거나 다그치는 것과는 거리가 멀다는 사실은 분명하다. 그렇게 한다고 해서 바로 익숙해지지도 않는다. 오히려 긴장을 완화시켜 주고 스스로 해 볼 수 있는 여지와 기회를 부여하는 것이 보다효과적이다.

이렇게 하려면 그 자리에 먼저 와 있거나 상황을 경험해 본 이들의역할이 중요하다. 이들은 때때로 선배라고 불리기도 하고 '사수'라고표현되기도 한다. 조금 더 넓게 확장해 보면 '리더'라고 일컬어질 수도있다. 물론 반드시 공식적인 직함이 있어야 리더라고 명명되는 것은아니다. 따르는 사람이 있으면 그 사람이 곧 리더다.

리더의 역할 중 하나는 팔로워들의 적응을 돕고 지원하는 것이다. 이런 측면에서 리더는 한마디로 새로운 환경과 상황 그리고 직무 등에 직면한 이들의 연착륙(soft landing)에 신경을 써야 한다.

이를 위해서는 어디에 장애물이 있는지 무엇을 조심하고 주의를 기울여야 하는지 그리고 무엇에 집중해야 하는지 등에 대해 안내해 주어야 한다.

이미 존재하고 있는 문제나 어려움을 '너도 한번 겪어 봐라'는 식으로 굳이 경험하게 할 필요는 없다. 어쩌면 그것은 먼저 접했던 이들이 해결하거나 알려 줘야 할 내용이다.

다만 팔로워들이 새로운 문제나 어려움에 직면했을 경우, 이에 대해 고민하고 해결해 나가도록 하는 것은 필요하다. 또 다른 성장과 발전의 기반이 될 수 있기 때문이다.

기억나지 않을 수도 있겠지만 누구나 초보를 경험한다. 초보(初步)는 글자 그대로 처음으로 내딛는 걸음이다.

만일 당신이 이들과 함께 있다면 무엇이 되었든지 간에 당신이 초보였을 때를 회상해 볼 필요가 있다.

아마도 자신에게 어떤 선배, 어떤 사수, 어떤 리더가 필요했는지 떠오를 것이다. 그리고 기억이 난다면 스스로 그 역할을 잘하고 있는지에 대한 평가와 함께 무엇을 해야 하는지에 대해서도 생각해 봐야 한다.

리더십을 주제로 글을 쓴다는 것은 결코 쉬운 일이 아닙니다. 학문적으로 이미 많은 이론과 모델이 있고 연구결과들은 계속 나오고 있으며 현실적으로도 다양한 조직과 사례 등에 기반한 출중한 도서들이 많기 때문입니다.

그러나 또 다른 한편으로는 리더십을 주제로 글 쓰는 것을 그리 어렵게만 생각할 것도 아닙니다. 왜냐하면 리더십은 특별한 조직이나 인물 그리고 상황에만 국한되어 있는 것이 아니기 때문입니다.

리더십은 일상에서 접할 수 있는 모두의 일이며 주제이기도 합니다. 실제로 가정에서부터 조직이나 사회에 이르기까지 리더십을 다루지 않는 곳은 없습니다.

《리더스타그램: 리더십 포토보이스》는 지난 30개월의 시간 동안 필자가 리더십을 주제로 일상에서 촬영한 사진과 함께 차곡차곡 쌓아 온 글입니다.

단 한 장의 사진이지만 자신이 어떤 의미를 부여하느냐 혹은 자신의 경험과 어떻게 연결시켜 보느냐에 따라 사진 한 장이 책 한 권이 될 수도 있습니다. 그리고 말이나 글로 표현하기 어려운 것도 사진 한 장으로 공감이 되기도 합니다. 이런 의미에서 《리더스타그램: 리더십 포토보이스》가 독자들의 리더십 출발점이 되기를 바랍니다.

사진 속 내러티브는 오랜 시간이 흘러도 잘 잊히지 않습니다. 리더십도 마찬가지입니다. 그래서 《리더스타그램: 리더십 포토보이스》에 담긴 내용들은 닫혀 있던 리더십의 숨통을 열어 줄 수 있는 노하우를 찾게 될 수 있을 것입니다.

행복의 비밀은 좋아하는 일을 하는 것이 아니라 하고 있는 일을 좋아하는 것이라고 합니다.

리더십의 비밀도 크게 다르지 않습니다. 리더십은 리더가 팔로워들이 좋아하는 일을 하는 것이라기보다는 팔로워들이 하는 일을 좋아하도록 만드는 것이고 그 과정에서 리더십을 발휘하기 때문입니다.

사진을 통해 지나간 기억들을 소환해 보시고 그 속에서 자신만의 리더십 비밀을 하나하나 찾아내기를 바랍니다. 찾고자 하는 것은 대부분 주변에 있습니다.

그리고 특별한 사람이 리더가 되는 것이 아니라 리더십을 발휘하면 특별한 사람이 됩니다. 당신의 리더십이 당신을 특별한 사람으로 만들어 줄 것입니다.

"리더십은 어떻게 배울 수 있나요?" 사람들은 종종 내게 이렇게 묻는다. 하지만 거기에는 비법이나 요령 같은 것은 없다. 리더십은 우리 삶 자체이며, 바로 그 삶으로부터만 길어 올려지기 때문이다. 저자는 예리하고도 따뜻한 시선으로 우리들을 일상을 포착하고, 여기로부터 우리가 어떻게 리더십을 사유할 수 있는지를 보여 준다. 이 책의 진정한 가치는 리더십은 물론, 리더십을 배우는 방법에 관한 놀라운 통찰을 제공하고 있다는 데 있다. 나는 이 책을 읽는 동안 저자와 함께 삶 곳곳에 숨겨진 수많은 보석들을 발견하는 황홀한 체험을 했다. 독자들도 분명 그럴 것이라 확신한다.

_이창준(구루피플스 대표, 진성리더십아카데미 원장)

평소 우리가 스쳐 지나가기 쉬운 일상의 장면들이 리더십과 연결 되어지는 문장들을 보며 작가의 평소 고민과 통찰을 간접적으로 느낄 수 있었다. 얼핏 작가의 사사로운 독백처럼 보일 수 있겠으나 공감하며 고개를 끄덕일 수밖에 없는 설득력으로 고요한 울림을 전해 줌은 분명한 사실이다. 각자의 상황을 관통하는 리더십의 절대적인 해결책이 있을까? 하지만 작가가 제시하는 52개의 사진 속에서 분명 실마리를 주는 소중한 공감이 있을 것이라 확신한다. 리더의 자리에 있는 이들이라면 어쩌면 당연히 알고 있을 것 같은 52가지의 사진과 그의 해석이지만 반대로 놓치고 있을 가능성 또한 높은 52가지이기도 하기에, 작가의 제안처럼 막다름(Aporia)에 다다랐을 때, 'Genenalpause' 하고 이 책을 슬쩍 펴 보는 것도 좋겠다.

_김민석(세아특수강 인사팀장)

문화예술분야에서도 '예술경영'이라는 사회행정 체계를 도입하여 예술향유 서비스 질의 향상, 고객 가치 창조, 예술작품 마케팅을 통한 수익 창출 등 문화예술을 통한 도시 브랜드 가치를 높이기 위해 많은 예술경영 전문가들이 배출되고 있다. 팔색조 같은 다양한 장르의 문화예술 분야에서 몸담고 있는 예술경영인에게 가장 필요한 자질 중 하나가 리더십인데《리더스타그램: 리더십 포토보이스》는 일상에 있는 사진 속 사물이나 현상을 여러 측면에서 통찰하고 이해해 봄으로써 예술인들의 다양한 창작 작품을 존중하고 창의적인 아이디어로 경쟁력이 있는 문화콘텐츠를 개발하는데 많은 도움을 줄 수 있는 책이라고 생각한다.

_김호진(한국예총 인천광역시연합회 사무처장)

저자는 현업과 학계에서 풍부한 경험을 바탕으로 균형 있는 시각을 제시하는 리더십 전문가입니다. 이번 《리더스타그램: 리더십 포토보이스》 또한 저자의 다양한 경험에서 나온 작품이며 틀에 막힌 리더십 이론이 아닌 우리 주변에서 쉽게 볼 수 있는 일상의 사진을 리더십 관점에서 재해석한 책입니다. 이 책을 읽고 나면 스마트폰에 들어 있는 사진에 대해 다시 생각하게 될 것입니다.

_윤용운(원티드랩 커리어사업팀 팀장)

이 책을 읽는 순간 〈너의 목소리가 들려〉라는 드라마가 생각났다. 주인공이 다른 사람의 마음을 읽어 내는 능력처럼 김희봉 작가는 우리 주위에서 스쳐 가는 장면들을 보고 리더십을 읽어 내는 능력을 발휘하고 있다. 동일한 장면과 사물도 어떤 경험을 가지고 있으며, 어떤 의미를 두느냐에 따라 다른 관점에서 해석될 수 있다. 리더십이라는 어려운 주제를 생활 속에서 풀어내는 작가의 글들을 읽어 가다 보면 어느새 리더십에 대한 전문가가 되어 있을 듯하다. 한 장의 사진에 담겨진 수많은 목소리를 들려주는 작가의 해설은 리더십에 관심을 가진 사람들에게 매우 훌륭한 메뉴얼이 될 수 있을 것이라 기대한다.

_전영수(육군사관학교 리더십·인성교육실 실장, 인적자원개발박사)

이 책은 우리가 일상에서 만나는 다양한 장면들을 쉬이 지나치지 않고, 나와 우리에 대해 어렵고 묵직한 질문을 던진다. 하지만 아쉽게도 이 책은 다양한 질문에 대한 모범 답안을 가르쳐 주지 않는다. 이 책의 사진이 말하고자 하는 '포토보이스'를 통해 우리는 스스로 생각하고, 자신만의 답을 찾는 내면의 목소리를 들어야 한다. 나아가 이를 행동으로 연결하는 것 또한 철저히 우리 스스로의 몫이다. 마음의 치유와 회복이 필요하신 분들, 옆에 앉은 동료와 더 잘 지내고 싶은 분들, 새로운 곳에서 다시 시작하시는 분들에게 《리더스타그램: 리더십 포토보이스》가 각자의 답을 찾는 길잡이가 되었으면 한다.

_유재형(카카오엔터프라이즈 Krew eXperience실 KX Sync파트 HR파트장)

리더들에게 완벽한 리더십은 존재하지 않는다. 다만 끊임없이 연구하고 발전하며, 그들과 함께 비전을 공유하면서 함께 그려지는 것이다. 이 책은 정성과 감성을 실은 사진과 함께 의미 있는 리더의 감성을 두드려 주는 마법과 같다. 늘 바쁘게 변화하는 지금 우리 삶 속에서 커피 한잔과 여유를 즐길 수 있는 이 책을 권하고 싶다. 편안한 일상에서의 산책이 필요한 리더에게 필요한 책 그리고 바쁜 일상에서의 하나의 쉼표가 될 만한 책이다.

_이희옥(경성대학교 경영학과 교수)

《리더스타그램: 리더십 포토보이스》는 저자가 일상에서 촬영한 사진을 통해 리더십 관점에서의 인식과 통찰을 독자 분들과 나누고자 한 책이다. 여러 해 동안 엄선한 52장의 사진들은 저자가 발견한 내러티

브와 함께 개인 수준, 사회 수준, 그리고 조직 수준으로 잘 짜여져 읽는 이의 마음에 깊게 와 닿는다. 특히, 리더가 좋은 영향력을 발휘할 수 있는 여건은 축소되는 반면 리더의 나쁜 영향력에 대한 긴장이 가중되고 있는 딜레마 상황에서, 리더 스스로 자신을 돌아보고 한 걸음 더 힘차게 나아갈 수 있는 용기를 갖게 하는 책이다.

_탁제운(서울종합과학대학교대학원 특임교수)

《리더스타그램: 리더십 포토보이스》는 리더십에 대한 고찰이 일상 생활 속에서 충분히 가능함을 일깨워 준다. 이 책은 리더와 리더십에 대한 작가의 깊이 있는 이야기를 마치 한 편의 앨범처럼 일상 속 사진을 통해 보여 준다. 총 52장의 사진으로 전하는 이야기를 통해 독자는 나를, 사람들과의 관계를, 그리고 내 조직을 성장하게 하는 리더십의 정수를 쉽게 이해할 수 있다. 그리고 이 책을 다 읽은 후에는, 독자 역시 본인만의 리더십의 의미와 상징을 담은 '53번째 사진'을 찾아볼 수 있게 될 것이다.

_서문욱(KIA 기업문화디자인팀 책임매니저)

《리더스타그램: 리더십 포토보이스》는 리더십에 대한 막연한 두려움을 떨쳐 버릴 수 있도록, 우리가 평소에 쉽게 마주하는 이미지를 통해 리더의 모습을 갖추어 나가는 방법에 대해 제시하고 있습니다. 내 주위에서도 발견할 수 있는 익숙한 사진들과 그 안에 담겨져 있는 리더십과의 연결 고리를 찾아보면, 어느새 생활 속에서의 작은 실천을 통해 자신과 타인을 긍정적으로 변화시키는 리더로 거듭날 수 있을 것이라는 믿음이 생기게 될 것입니다.

_이은정(한림대학교 역량교육평가원 연구교수)

1년 동안 한 주에 한 장씩 일상 생활 속에서 촬영한 사진 52장이 리더십을 선명하게 말해 준다. 저자의 깊이 있는 사색의 결과가 묻어난 사진 속 리더십이 포토보이스라는 질적 연구 기법을 통해 한 번 더 발효되어 독자에게 다가간다. 그래서 책에서 묵직한 맛이 난다. 무심코 지나치기 쉬운 찰나를 날카로운 시선을 동원하여 의미를 파헤쳤기에 심한 편두통보다 울림이 찌릿하다. 목차에서 관심이 가거나 눈길을 끄는 제목만을 찾아 한입 크기로 읽기에도 제격인 책이다.

_강금만(유밥 부사장)

리더십 포토보이스

리더스타그램

ⓒ 김희봉, 2022

초판 1쇄 발행 2022년 2월 17일
　　2쇄 발행 2023년 7월 4일

지은이　김희봉
펴낸이　이기봉
편집　　좋은땅 편집팀
펴낸곳　도서출판 좋은땅
주소　　서울특별시 마포구 양화로12길 26 지월드빌딩 (서교동 395-7)
전화　　02)374-8616~7
팩스　　02)374-8614
이메일　gworldbook@naver.com
홈페이지　www.g-world.co.kr

ISBN　979-11-388-0700-5 (03190)